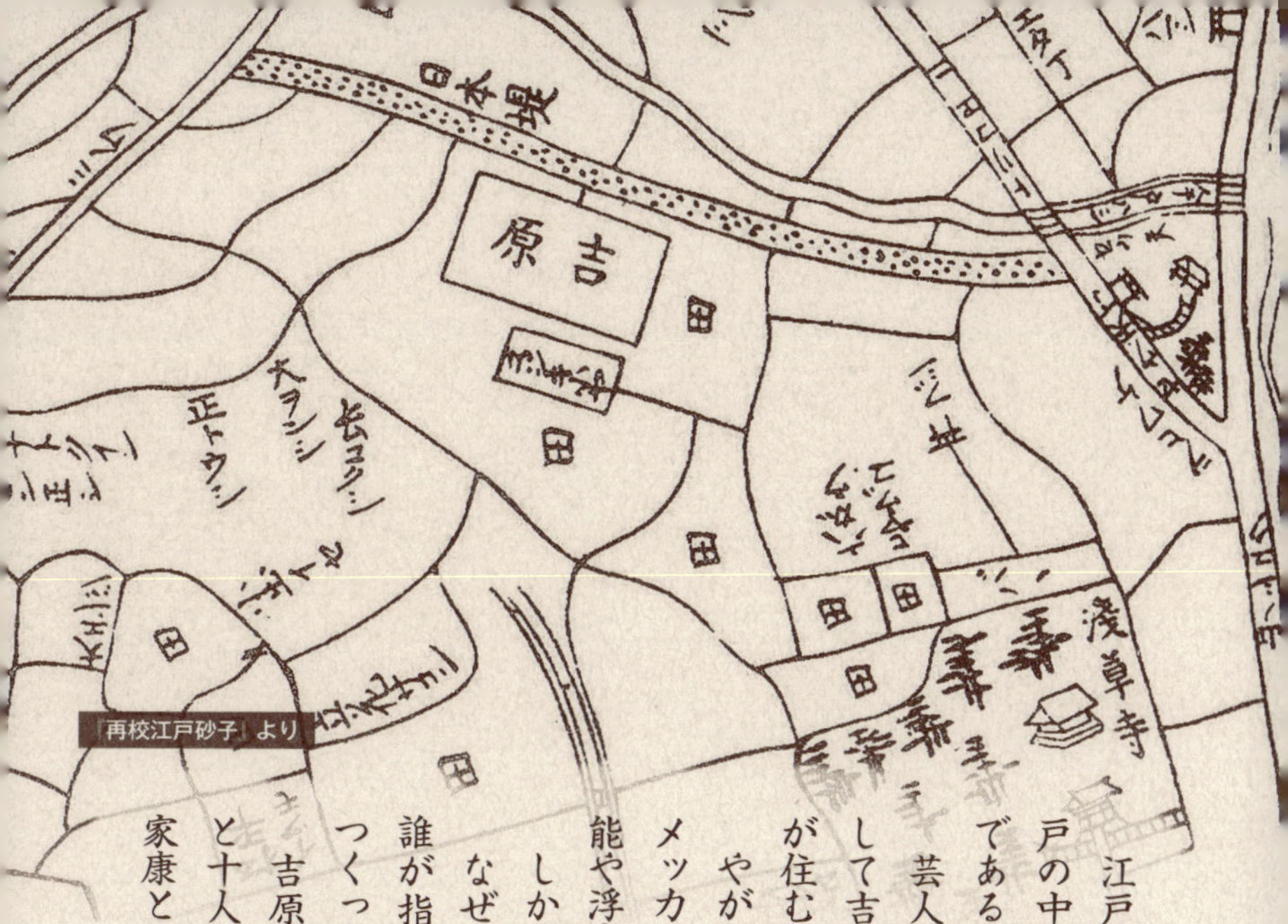

『再校江戸砂子』より

江戸の町を遠く外れた一面の荒れ地、湿地帯。この地に、江戸の中心部から追い出された人たちの集落ができた。明暦の頃である。

芸人たちの生きる芝居町、賤民とされた人々の暮らす町。そして吉原遊廓である。吉原と隣接して車善七を頭とする千人もが住む一画もできた。コジキ小屋と書かれている所だ。

やがてこの一帯は江戸最大の繁華街となり繁栄。芝居、演芸のメッカとなる。吉原も栄えた。吉原は単なる花街にとどまらず芸能や浮世絵など様々な江戸文化を誕生させ、その発信地となる。

しかし当初は一般社会から遺棄された町だったのだ。

なぜ、こんな一帯がつくられたのか。

誰が指示して、誰が、どのようにしてつくったのか。

吉原を中心にその史実を追っていくと十人ほどの男がいた。中には予想外、家康とその旗本たち。そして陰陽師…。

吉原はこうしてつくられた

西まさる

吉原はこうしてつくられた ■ 目次

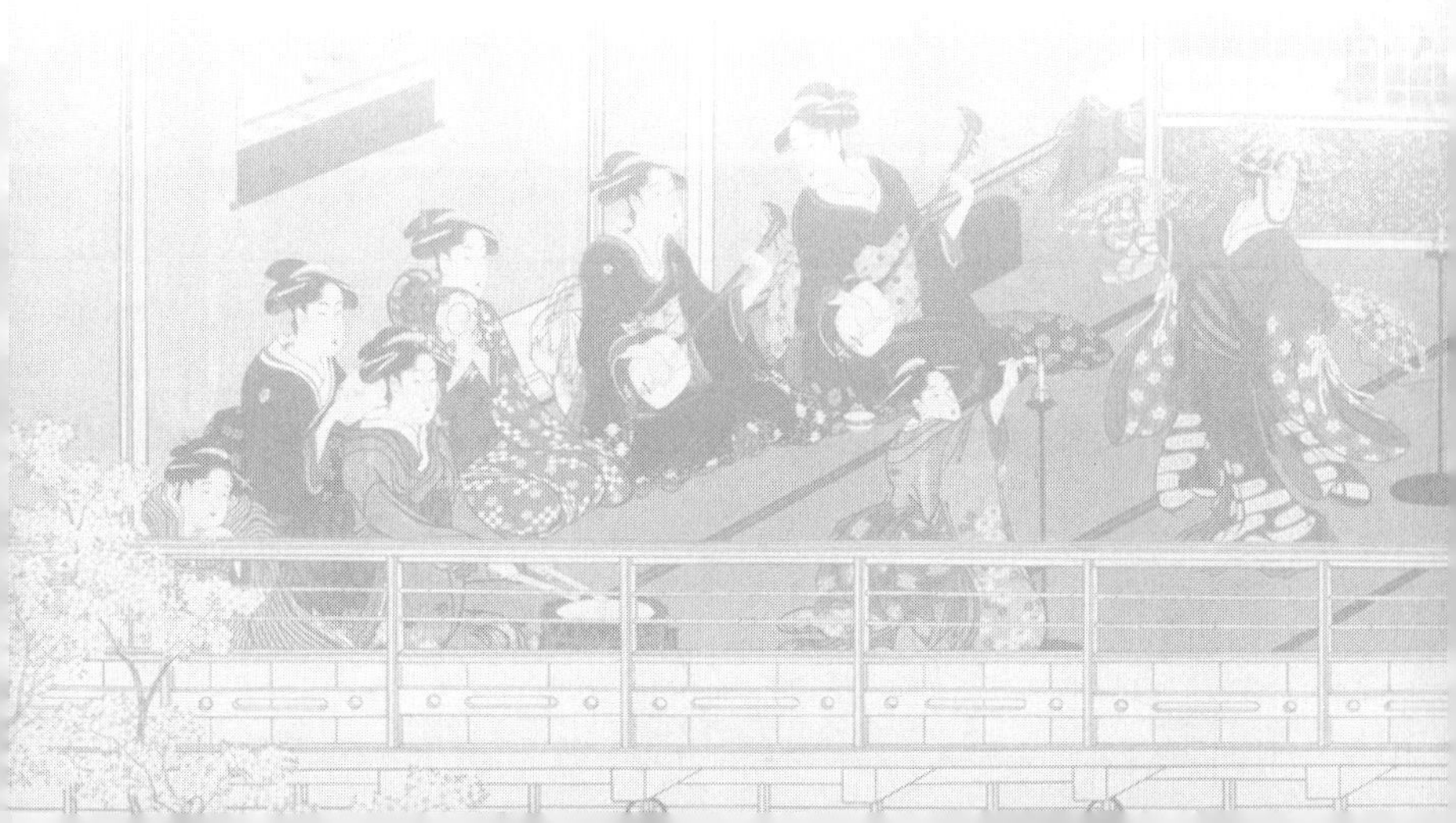

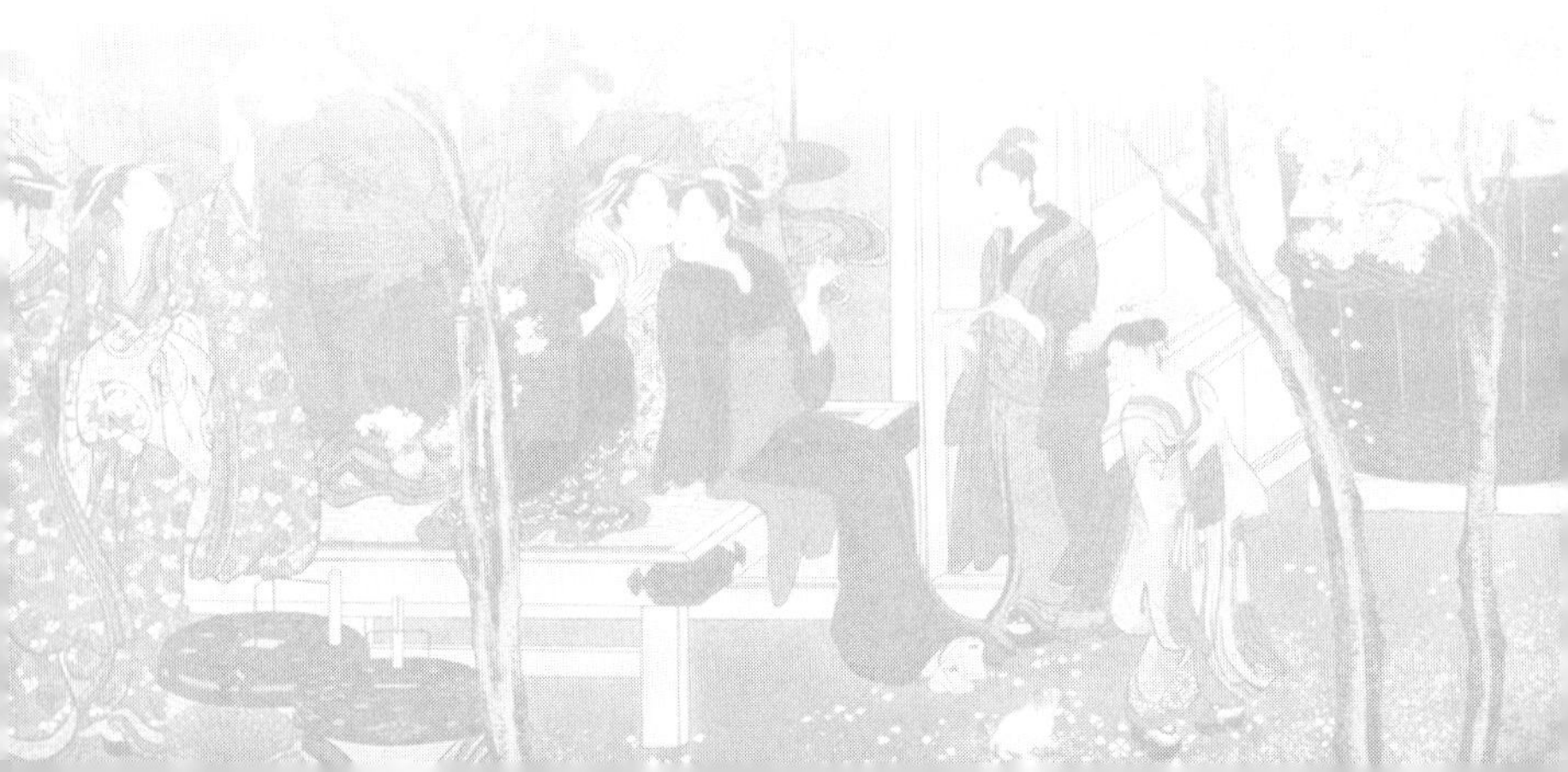

●新吉原はこうしてつくられた

吉原遊廓の謎

◇尾張国知多衆が進出した謎

吉原遊廓には謎が多い。謎は両手に余るほどある。

本当に分からない謎もある。誰でも知っていることを、あえて謎にしている謎もある。さらに、まだ誰も気がついていない謎もありそうだ。

謎が多いから吉原は面白い。

「吉原は拍子木迄が嘘《うそ》を打ち」という江戸川柳がある。吉原の「引け」（終業時刻）は「九ツ」（現在の深夜十二時）と決められていて、その時刻に大門が閉まるのだが、それを知らせる拍子木を実際は打たなかったり、あるいは四ツしか打たず、「引け四ツ」（午後十時）とごまかして営業時間を延ばしていたという。それは客も遊女も、さらに

は役所も承知の上のことだった。遊廓の内と外では時刻さえ違うのである。
そんな嘘と多くの謎が巧みに混在する街、吉原遊廓。そこには、この街にしかない独特の美しさ、独特の華やかさが醸《かも》し出され、そして独自の時間が流れていた。

さて、こんな謎が吉原にある。『北里見聞録《ほくりけんもん》』（寛閑楼《かんかんろう》佳孝著）の記述である。

吉原開基の頃、傾城屋揚屋共尾州の産といへるは見えず、いつの頃よりか吉原過半尾州人と成、当時は町人迄も本国尾張なり、依之尾州知多郡は江戸吉原より建立せし念仏堂あり……

元吉原遊廓（江戸日本橋の人形町辺りにあった）には、まるでいなかった尾張国の出身者が、新吉原遊廓になるといつの間にか現われ、傾城屋《けいせいや》、揚屋《あげや》ばかりでなく一般の小売店までもの多くが尾張国出身者の経営になっている。そして彼らは出身地に念仏堂を寄進するほど栄えている――、と不思議がっているのである。傾城屋とは遊女をおく店の総称である。揚屋とは遊女を置いていない貸座敷・料亭のような店。

確かに、元吉原に尾張国の出身者は見当たらない。少なくとも絵図や文書に名が残る大店や元吉原の名主たちに尾張の人はいない。しかし、明暦3年（1657）、浅草田圃《たんぼ》に新吉原が誕生すると、一気に尾張国、それも知多半島の南端の村の男たちが続々と進出。遊廓街を席巻する勢力となるのである。

その男たちの先頭に立っていたのが松本清十郎。尾張国知多郡須佐《すさ》村の男であった。

◇新吉原遊廓の開設について

さて、元吉原遊廓の閉鎖、新吉原の開設の流れをざっくりと書いておいた方がいいだろう。

江戸初期、色町や芝居町などいわゆる「悪所」が日本橋界隈に集中していた。当初は江戸の外れだった日本橋辺りだが人口の急増でそこは江戸の市中となっていく。市中に悪所があることを嫌った幕府が、町外れにそれらを移転してしまおうとした政策がこれである。

その実際は後で詳しく書くが、移転事業はすべて幕府主導で行われたものだ。それは移転に際して元吉原の店主たちに対し幕府が立ち退き補償金として一万五百両もの大金を支払っていることでも分かる。

この補償金は「新吉原町代地之節引払料金」といわれるもの。料金受取人の一覧表である『小間割扣帳《こまわりひかえちょう》』もついていた。そこには百五十四人の名が並ぶ。一覧は名前と領収金額のみの記載で屋号や姓が省かれているのが残念だが、その表からは元吉原遊廓の全体像がはっきりと見えてくる。

ちなみに、その百五十四人の中に、後の新吉原で遊廓の中心となった揚屋の経営者など、尾張・知多衆の名は見当たらない。清十郎という名もない。

百五十四人の元吉原の店主が補償金を受け取っているのは、明暦2年（1656）11月27日のことである。百五十四は店舗の数である。複数の店舗を持つ人もいるので主人の数は店舗数と同じではないが、大凡《おおよそ》この数の店が新吉原への移転を目指したのである。各店舗には遊女も男女従業員もいる。彼女たち彼たちは、この町でしか生きられない人たちだ。ほぼ、みんなが新吉原へ移転したとみていい。

移転時の人数も凡《およ》そだが分かる。

元吉原は、太夫七十五人、格子女郎三十一人、端女郎八百八十一人。郭の数が

百二十五軒。これは『あずま物語』（寛永十九年刊の仮名草子。元吉原を描いた唯一の書）に記載があったもの。

遊女だけで約千人。それに男衆と遣《や》り手といわれる年配女性を合わせて千人はいたはずだから合計約二千人の大移転計画だったわけだ。

そして、予期せぬ明暦の大火で江戸の町の大半が焼失、世情も大混乱するというアクシデントもあったが、明暦3年8月14日に新吉原は何とかオープン、営業を開始している。

記録を調べると、埋め立て工事を始めたのは同年4月末。場所は浅草田圃《たんぼ》といわれる湿地帯。広さは三町四方、すなわち約二万七千坪。ここを造成する。そして家を百棟近く建てたのである。この家は遊里遊興の営業場所。そう粗末な家々ではあるまい。

工事期間はたったの四ケ月内外。埋め立て、造成、建築百軒。どう考えても不可能と思われることだが、出来たことは紛れもない事実である。

だが、その工事の経緯や実態はどこにも書かれていない。公設遊廓の建設は公共事業。記録ぐらいあってもいいはず。だがない。新吉原が出来るまでの半年余り、遊廓の営業は近辺の農家の一室を借りての「仮宅」営業だったが、その記録はしっかりと残っている。しかし本体工事の記録はない。何か書けない事情があったのだろうか。

これも謎だ。

そして、もう一つの大きな謎は「尾張衆進出の謎」だ。

新築された新吉原遊廓に、なぜか尾張・知多郡の衆が割り込んでいる。それも、ちょいとご免なさい、軒先を拝借…。ではなく、堂々と母屋の真ん中に座ったという態である。これも大きな謎である。

元々の利権者たちを押しのけるように新参者が遊廓の町に陣取ったのだ。それに関しても何の史料もない。伝聞すら残っていない。だが、「吉原過半尾州人と成、当時は町人迄も本国尾張なり」の事実は歴然と残る。なぜだろう。

さらに、尾張といえば名古屋を連想するが、この「吉原過半尾州人」は、松本清十郎を先頭にした知多半島の人。名古屋の人はいない。

名古屋を根元に伊勢湾へ小指のように突き出たのが知多半島。この小さな半島から大江戸の吉原に進出。そして大成功を収めている。なぜだろう。

この謎解きをしてみたいのである。

吉原へ進出した男たちの郷 知多半島、須佐村。

◇内海の浦に、大網を下ろしたり

平成の現在、知多半島は無名とは言わないが有名な所ではない。しかし、江戸時代には全国に名の通った土地だった。

そのわけは江戸と上方を結ぶ流通の大動脈、東海道廻船の寄港地として栄えていたこと。また、海路の難所である熊野灘と遠州灘の中間の伊勢湾。そこに突き出た半島は、潮待ち風待ちの避難地として絶好であり、定期廻船以外の不定期の船々も数多寄港する場所であったこと。加えて、三河国、尾張国、伊勢国の真ん中に砦のように伸びる半島は、国盗り物語の時代、戦略的にも重要な土地であったこともある。

これらにより様々な物資や文化、人々も交錯し繁栄を招いた。例えるなら国際都市の香港や上海ともいえるタイプの発展をみせ、物資豊かな土地となっていった。

三浦浄心《じょうしん》の『慶長見聞集《けいちょうけんもんしゅう》』は貴重な良い本で、慶長期の人々の風景や風俗を率直に教えてくれて再々お世話になっている。その書の中に意外な形で知多半島が出て来た。

本因坊と利玄坊が碁を打つ場面。

利玄坊が一手打って、「尾張の国、内海《うつみ》の浦に、大網を下ろしたり」と言う。

本因坊は、「一目づゝも濱《はま》をたしなめ」と言葉を受ける。

やがて話は大金を得るための金言や財産家の心得などに展開するのだが、金儲けの比喩の場所に知多半島の内海の浦が出て来たことは極めて興味深い。

本因坊と利玄坊といえば、信長、秀吉、家康の御前で碁を披露する階層の人物だ。いわば江戸時代初期を代表する有識者、文化人である。そんな彼らが知多半島を豊かで金儲けのできる地方、金儲けの才覚のある地方と見ていたことが分かる一文なのだ。

ちなみにこの内海の浦とは本論の舞台、須佐村と同郷、隣村である。

知多半島。その先っぽ近くに須佐《すさ》村がある。「須佐の入江」は万葉集に三首も詠まれた古い湊町。古くから海路の要所である。

江戸時代初期の須佐村を覗いてみる。戸数は三百余、人口は千七百人余。漁業、運漕業の村だ。ここ知多半島の南部一帯は千賀志摩守《せんがしまのかみ》の領地。千賀は徳川家康の旗本で尾張徳川家の船奉行でもある。

◈陰陽師と修験者の村

須佐村を流れる小さな川の畔に黒塀をめぐらせた屋敷がある。村の豪農、柳《やなぎ》一族の母屋だ。柳家は、代官所の支所のような役目を受け持っていたので、村人から「代官」と呼ばれ、陰陽道《おんみょうどう》に通じていることから「オンニョ」とも呼ばれていた。

柳の家の長屋門には高張提灯が掲げてある。提灯の紋は「日の丸扇」。それは千賀の家紋であり船印。また、徳川家康の馬標《うまじるし》でもある。

門前を行く村人は、被り物を取り着物の裾の埃を払い、身体を丸くして通るのが慣いであった。

柳家のちょうど真裏に求聞持山《くもんじ》が聳《そび》える。聳えるというほど高い山ではないが、須佐の入江を見下ろすように切り立った崖の上にあるので、その形容が当たっている。

求聞持山は極めて古く特殊な歴史を持つ山である。

弘仁5年（814）に弘法大師空海が東国巡錫《じゅんしゃく》の帰路、須佐の湊に入り、この山を修行の場と定めて錫杖《しゃくじょう》を置き、ここを求聞持山と名付けたとされる。「求聞持」は真言密教に於いては最高の教義で弘法大師以外は成し得ていない程の秘法という。（『極楽寺の歴史』梵音山極楽寺刊）

求聞持山の山腹に神社がある。土御前社《つちごぜんしゃ》という。土御前社は船乗りの信仰が厚く、須佐湾を航行の船は帆を一メートルほど下げて畏敬《いけい》の念を表すのが常であった。そして船上の船乗りは、佇《たたず》まいを正し、神社に向かい柏手を打つの

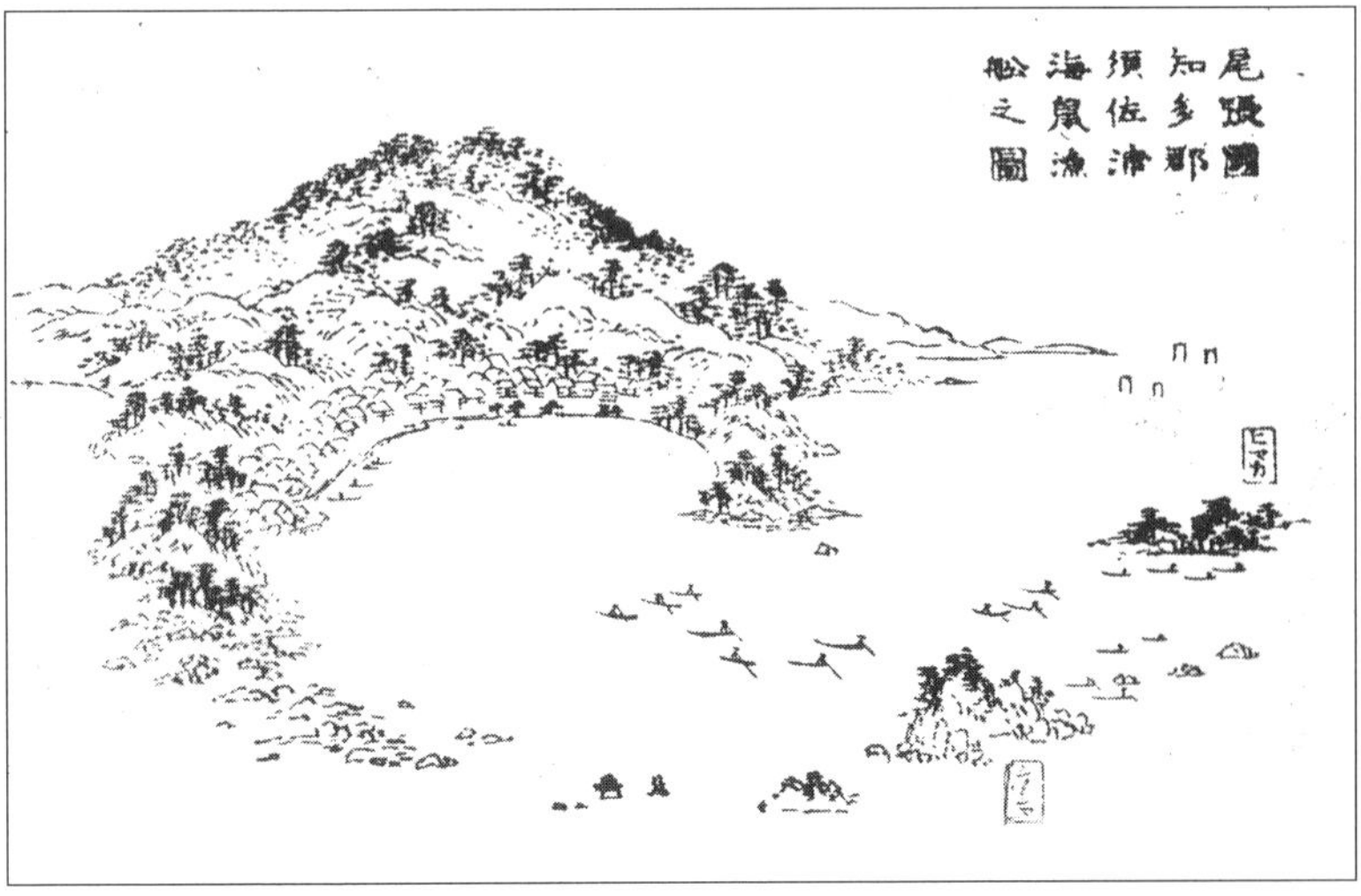

丸く入り込んだ湾が須佐の湊　半島の先端（絵の右中央）が師崎　山々は本文の求聞持山や天神山。
「このわた御用」の木版画より

である。

この土御前社の神官の息子が本篇の主人公、松本清十郎である。

――何かが匂う、この地と新吉原遊廓の開基は無関係ではない。関係があるとすれば、修験者、あるいは陰陽師などが関わっているのではないだろうか。殊に、求聞持山を修行の場とする修験者たちは、京都の陰陽師《おんみょうじ》宗家である土御門《つちみかど》家と強い結びつきがある。土御前社は修験者たちの神社ではないのか……。

そうぼんやりと考えていた。

そして次の一文に出会った。これで自信を持った。澤田次夫氏が昭和11年（1936）に『愛工会報55号』に発表、その後、昭和41年（1966）から度々『みなみ』（南知多町郷土研究会）に発表した論文。須佐村の柳家の一族と陰陽師の関係を明解に述べたものだ。

その論文を紹介する前に、澤田氏について書いておいた方がいいだろう。

氏は昭和12年（1937）に、『揚屋清十郎と尾州須佐村』（私家版）を上梓、新吉原に南知多衆が進出、遊廓の中心的地位にいたことを発表した。ガリ版刷りで九十ページの本であるが、これがまさに嚆矢《こうし》であった。しかしその調査は誰も引き継ぐことなく、この史実は世に知られることもなく眠っていた。

それから六十数年後の平成15年（2003）、筆者（西まさる）が半田市の医師会に招かれ「清水次郎長と知多半島」を卓話した。その時、ご出席の年配の医師が「次郎長も面白いが、知多半島にはこんな話もあるよ」と、南知多と吉原遊廓のこと、そして豊浜町の光明寺を教えてくれた。それに触発された筆者が澤田氏の著書や論文を入手、本気になって南知多地方に通い始め、ようやく「吉原遊廓を支配した南知多衆」を論文に纏め『知多半島郷土史往来』4号に発表できたのは平成26年（2014）だった。澤田氏の後を追って七十七年かかったことになる。

知多郡南知多町豊浜（旧須佐村）の光明寺は澤田氏の檀那寺《だんなでら》である。同寺は松本清十郎の檀那寺でもあるので清十郎の過去帳もあり墓もある。また、清十郎ら吉原進出者から寄進された品々も多く残っていた。この寺の有力な檀家でもあった澤田氏は多くの資料が容易に入手できたようだ。

澤田氏は戦後、半田市郷土資料館の初代館長になり、半田市文化財専門委員を務めた。また、氏は三田村鳶魚《えんぎょ》の葬儀に参列している。鳶魚は言うまでもなく「江戸学の祖」である。二人がどんな関係だったのかの記録は見られないが、遠く山梨県の下部温泉までお別れに出かけているのだからそれなりの交流はあったようだ。

その証しとして澤田氏は吉原と南知多関係論文の末尾にこう書いている。

「終りに戦後間もなく山梨県の疎開先で亡くなった恩師三田村鳶魚翁に生前（吉原と南知多のことを）御知らせ出来なかったことを残念に思っていることを書き添える次第である」。

この一文から鳶魚と澤田氏は師弟関係だったことが解る。確かに澤田氏の研究スタイルは土地の伝聞や伝承、古老などからの聞き取りを中心として論を纏《まと》めるものだ。古典籍も手にし、参考文献があっても出典は明らかにしていない。出典・典拠を知りたければご自分で調べなさい。これはまさに鳶魚と同じ手法である。


さて、次が陰陽師に着目した澤田論文である。

求聞持山の麓の柳家の系列に、柳半七政良という人がいる。元文三年没で法名はいかにも神道の人らしい神降松翁清信男。この政良は、土御門家から奥州の旦家《だんか》（地盤・権利）を免許され、奥州で陰陽道をひろめたという。その際、政良は、陰陽師の着衣である「布衣《ほい》」とともに「織部《おりべ》」という職名を与えられている。さらに政良の父、柳伊左衛門政則は「左近」とも名乗っている。政良の子、柳三郎兵衛政房も「織部」。この他に、柳一族の系図を辿ると、「右京」も「左近亮」もいた。これらは、「織部」、「左近」と並び土御門家の陰陽師の職名である。

一見、難解そうだが文意は明解。柳一族は代々、土御門家直系の陰陽師であったことを資料に沿って端的に証明している。そして修験者の山・求聞持山の社である土御前社は土御門家の陰陽師に繋がるものと理解していいだろう。

そして、松本清十郎はその土御前社の神官、禰宜左衛門《ねぎさえもん》の子である。これは清十郎が光明寺にあげた現名帳の裏に「禰宜左衛門が父」と自ら記しているので疑いはない。但し、左衛門の姓の「禰宜《ねぎ》」とは神職の一つの名称なので姓ではないかもしれない。

柳家は須佐村の「代官」であり土御門家直系の陰陽師である。土御前社は須佐村の村社であり、「求聞持山の修験場」を持つ特別な社だ。松本清十郎はその土御前社の子。そして須佐村は千賀志摩守の領地（知行地ではない。家康から直接お墨付きを得た江戸時代を通しての領有地）である。

したがって、土御門家門下の陰陽師⇳千賀志摩守配下の柳一族⇳土御前社⇳その神官の子・松本清十郎⇳吉原遊廓。これらの一連はきれいに繋がるのである。

また、徳川家康は陰陽師を重視していた。秀吉に追放されていた土御門家を救済して重用、江戸入府の時も同道させている。さらに土御門家を陰陽師宗家に認定し、家格も公家として優遇している。また、知多郡は家康にとっても思い入れの深い土地である。これも重要。本論と大いに関係がある。

◇壁と吉原すさで持つ

清十郎の父、禰宜左衛門《ねぎざえもん》は、この土御前社の他、須佐村、篠島村などにある数箇所の神社の神主を兼ねていた。ならば千賀志摩守の師崎《もろざき》城に隣接する式内社、羽豆《はず》神社の神主も兼ねていたか、もしくは深い関係があったとみて当然だ。

羽豆神社は、『尾張國地名考』（津田正生著・文化13年）に、

里諺に　壁と吉原すさで持つといへるは　先年當國須佐村の者江戸吉原の花楼を取り立てしとという一説あり　又千賀氏は吉原の地頭のごとしともいへり　故

　をもて今古此村より吉原へ往しもの不レ絶となり　諸崎《もろざき》の羽豆《はづ》神社も遊女の寄
　進せし立派な挑灯おほし。

と、書かれている神社である。また、この一文は文化年間に吉原遊廓と南知多・須佐村の関係を明確に記していて貴重だ。

簡単な記述だから解説の必要もなかろうが、

「壁と吉原遊廓はスサでもつと言われるほど強固な関係である。そう言われるほど昨今、尾張国須佐村の人が続々と吉原に進出、成功している。これらは（地元の領主である）千賀氏が吉原の地頭のような存在だから可能なのだ。師崎の羽豆神社には遊女が立派な提灯を寄進している」。

すさ（苆）は、土壁の中に入れて壁を補強する藁《わら》状の植物。須佐村と掛けている。

文化年間（1800頃）には、里諺《りげん》、つまり郷里のことわざになるほどに、「吉原遊廓の中心にいたのは尾張国須佐の人たち」であることは巷間《こうかん》広く知られていたことがこの文書で分かる。

「千賀氏は地頭のごとし」も注目すべき一文である。これは千賀志摩守と吉原の関係を示す貴重な記述だ。千賀志摩守は前項で述べたように知多半島南部数村の領主で家康の旗本でもある。

そして、諸崎（師崎《もろざき》）の羽豆神社に吉原の遊女たちから夥《おびただ》しい数の桃灯《ちょうちん》（雪洞提灯《ぼんぼり》）が贈られていることも分かった。同様のことは他の文献にもある。これは文化年間には、吉原の遊女の中にかなりの数の知多半島出身者がいたことを表していると同時に、羽豆神社と吉原の深い関係を示唆していることに他ならない。

羽豆神社は千賀氏の屋敷（城砦）の一部ともいえる場所にある。羽豆神社の神官は禰宜左衛門《ねぎざえもん》。その息子が新吉原を席巻した松本清十郎。また、須佐村は千賀の領地。須佐村の村社は土御前社、村の名主は柳一族。それらはすべて千賀氏・陰陽師・清十郎と繋がっている。とても偶然とは思えない。

以降、これらを丁寧に紐解くつもりだが、知多半島に不案内の方も多いだろうから左に略図を示しておく。まだ本文に登場していない項目もあるが悪しからず。

現在の土御前社の参道　山頂左手のさらに上に本堂。その上に求聞持山

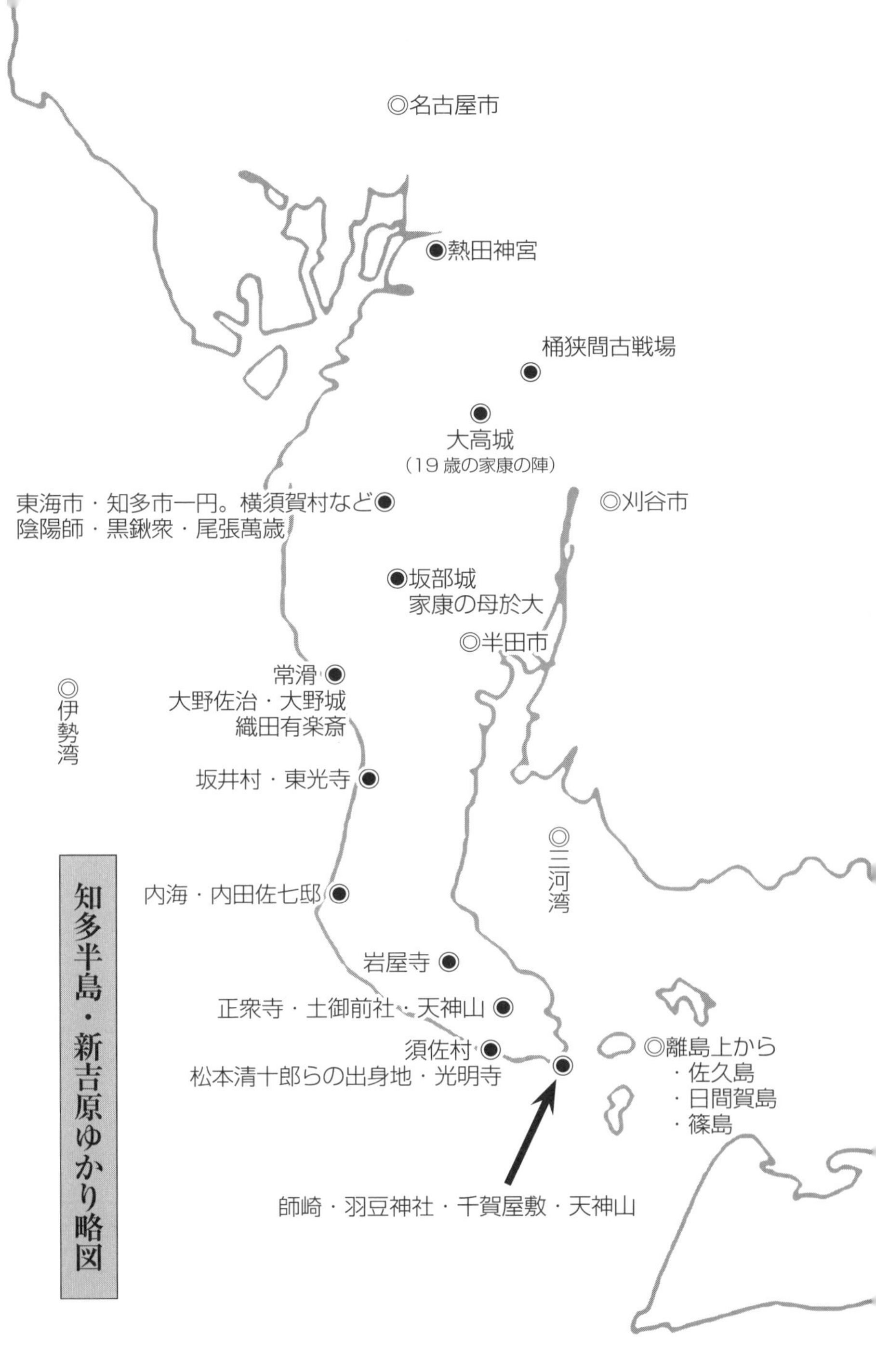
知多半島・新吉原ゆかり略図
◎名古屋市
熱田神宮
桶狭間古戦場
大高城
（19歳の家康の陣）
東海市・知多市一円。横須賀村など
陰陽師・黒鍬衆・尾張萬歳
◎刈谷市
坂部城
家康の母於大
◎半田市
常滑
大野佐治・大野城
織田有楽斎
◎伊勢湾
坂井村・東光寺
◎三河湾
内海・内田佐七邸
岩屋寺
正衆寺・土御前社・天神山
須佐村
松本清十郎らの出身地・光明寺
◎離島上から
・佐久島
・日間賀島
・篠島
師崎・羽豆神社・千賀屋敷・天神山

♪須佐のみなとは金だらけ　金だらけ

◇古謡にみえた豪奢な港町

〽エー踊りがはじまるぞ　アー音頭出しゃたのむぞ　エー頼むがじょうなら
〽天神山から千両箱投げ出した　ソレー須佐のみなとは　なんからさきのはりがみえたよ　まことに金だらけ
〽須佐のみなとは　金だらけ〜金だらけ〜

愛知県南知多町に伝わる「豊浜須佐踊り」の一節である。

「豊浜須佐踊り」は南知多町の無形民俗文化財。同委員会によると、元禄の頃から踊られ謡われていたもので盂蘭盆《うらぼん》の数日間、須佐の浜辺に櫓《やぐら》を組み輪踊りと太鼓で夜を徹して踊られていたものという。現在も8月13日から16日の深夜まで踊られている。

先年、取材をかねて見物をさせてもらった。歌詞の派手さに反して踊りはまったく簡素にして素朴。現代の手が加わっていないのが、かえって新鮮さを感じさせ、これが古来の盆の輪踊りという風情である。淡々と淡々と、いつまでもいつまでも踊り続ける。じっと見ていると、祈りの列にも見えてくるのであった。


歌詞の「須佐のみなとは金だらけ〜、金だらけ」とは、ちと品格がないが、長くその土地に根付き伝承されている伝統芸能や民謡古謡の元歌には、誇張はあっても丸っきりの作り話や根も葉もない虚偽は案外ないものだ。そう考えれば元禄の頃、南知多・須佐の湊には、金品をばら撒くほど並外れた贅沢な行為、つまり奢侈《しゃい》や豪奢《ごうしゃ》な気風があったと読めるのである。

歌詞には「天神山から千両箱が投げられ」とある。では、金をばら撒いてくれる天神山とはどこだろう。簡単に分かった。須佐の湊の近くに天神山は二ケ所あった。

一つは、豊浜港（須佐の湊）を見下ろす小山が天神山。そこには正衆寺がある。さらに求聞持山の土御前社がはっきりと見える。

もう一つは、知多半島の先端、師崎《もろざき》・羽豆岬《はずみさき》の山側にある切り立った小山がそれ。今の地名も字天神山である。

一つ目の天神山にある正衆寺は、この地方の領主・千賀氏の菩提寺で寺院も千賀氏が建造、寄進したもの。池水山正衆寺と命名したのも千賀氏だと寺伝にある。寺に隣接する裏山には、大小二十基もの墓標が建つ千賀家代々の大きな墓所もあり、正真正銘、千賀家の寺だ。隣接する求聞持山の土御前社は、前項で詳しく書いた修験者の山で船乗り信仰の社である。松本清十郎所縁でもある。

二つ目の、羽豆岬の天神山の前には「千賀家之碑」と刻まれた立派な石碑が建ってぃた。直径2メートル近い大きな井戸も残っている。ここは千賀志摩守の屋敷跡である。

この屋敷は江戸初期（1602）に解体された

千賀家代々の墓地。一連の墓碑の家紋の位置に「烏八臼（うはっきゅう）」の文字が彫られている。　＝正衆寺

幡豆崎城《はずざきじょう》の古木を流用して建てられたもので、城の解体は「城は一国につき一城に限る」という徳川幕府の政令に添ったものとされているが、さにあらず、単に老朽化した古い城を改装したとみた方がよいだろう。幡豆崎城主は千賀重親《しげちか》。新築された城砦の主も千賀重親。城から屋敷と呼び名は変わったが、実質的には千賀家の城そのものだった。

千賀屋敷跡地。碑と井戸が残る

戦国時代の臨海部の城砦は、居住部分を平地に建て、物見櫓や交戦設備は隣接する丘陵地に建てるのが常道だった。この千賀屋敷も海に面した平地に屋敷、山の部分には砦のような建物が建っていたはずだ。近隣の浜辺から、それは山城のように見えたことだろう。

さて、お分かりのように「豊浜須佐踊り」に謡われた二つの「天神山」は、双方とも千賀志摩守所縁の場所であった。所縁と言うか、それは千賀氏そのものであることは明白。つまり、村人が謡う畏敬《いけい》の対象である「天神山＝天神さん」は、実は「千賀さん」だったのである。

ちなみに、千賀氏とは水軍を有する豪族で、15世紀前半までは伊予国、志摩国と転々としていたが、知多半島に移り住み勢力を拡大、徳川家康の船奉行となってからは全盛を迎え、江戸時代を通して絶大な海の権力を持つ武家となった。石高はわずか千五百石、但し、伊勢湾をはじめ東海一帯の廻船や鯨漁など漁業の監督権を握っており、石高とは比べようもない莫大な利権があった。それを裏付けるように入網料を徴収していたなどの記録もある。

「豊浜須佐踊り」には、こんな歌詞もあった。

〽東土間《どあい》にお茶屋を建てて　女郎の七八人を抱《かか》えておいて　上り下りの船を待つ

東土間《どあい》は地名か道標だろうか。ともあれ、風流な場所にお茶屋（料理屋）を建てて、遊女を七人も八人も雇い、上り（上方行き）、下り（江戸行き）の船から降りてくる客を待つ、の歌意である。この唄から須佐には船乗り相手の遊女がいるお茶屋があったことが分かる。さらに、「女郎の七、八人も抱えるお茶屋の主人になりたい」という願望も充分に窺《うかが》える。
知多半島は廻船の重要な寄港地。千石船が次々と寄るところである。そんな港には
歓楽街がつきもの。多くの遊女屋がこの港町にあったのだ。そして色街を経営するノ
ウハウもここにあったことは言うまでもない。
「須佐のみなとは金だらけ」の金は、江戸吉原遊廓から流れて来た金だと断定したい。
江戸の新吉原の揚屋のほとんどを南知多の男たちが経営していた。そこで成功した
男たちは故郷の寺社などに多額な金品を寄進している。寺社仏閣ばかりではなく須佐
村など故郷の村々へもそれ相当の寄付行為をしていたはずだ。寺社には寄進物の記録
が残る。一般の村々への寄付は文献に残りにくいが、幸いにも「豊浜須佐踊り」に歌詞
として残り、二十一世紀の今も謡われていた。
須佐村は吉原マネーで潤っていたのである。
そして、それを主導したのはこの地方の領主・千賀志摩守。千賀の命を受けて新吉
原へ乗り込んだのは松本清十郎だったとみて間違いはない。

松本清十郎という男

◇江戸のスター尾張屋清十郎

新吉原遊廓に進出、その郭《くるわ》町を奉行所の命により、いわば管理（統制）したのは松本清十郎である。清十郎は揚屋「尾張屋」を営んでいたから、その名は尾張屋清十郎の方が通りがいい。

彼の店、彼の名は新吉原の中でともかく別格だったようだ。さらに言えば、新吉原開基の明暦の頃から元禄、宝暦の頃まで、清十郎は吉原のみならず江戸では知られた男、いわゆるスターであった。

この一章は新吉原誕生後を書くことになる。新吉原建設などの話を後回しにして、松本清十郎が成功した後のことにまで飛んでしまうのだが、まず清十郎が吉原でどれ

ほどの立場だったのか、どれほどのことをしたのかについて、予め述べておく方が、今後の話へのご理解が早かろうと思った。

話が前後することをお許し願いたい。

『吉原大全』にこんな記述がある。

揚屋尾張屋清六とあるは、尾張屋清十郎なるべし。此頃清六といひしにや。此家、万治元年細見記、十九軒の中に見えて、宝暦六年細見記に至りて、此家一軒あり。此人の名、洞房語園にも見ゆ。上にいへる寛文七年の犬枕に、ふかきもの、部に、「あげや清十郎」と見ゆ。その住家の大なるも思ふべし。

これは清十郎が吉原では特別だったと読める一文である。

清十郎の家は、「ふかきもの（重要なもの）」として、「その住家の大なる」とわざわざ記すほど特別に大きかった（重要だった）ようだ。それは家の大きさばかりでなく彼の存在の大きさを表現していることは言うまでもない。

元禄2年刊の吉原大絵図に、「清十郎いんきょ」の家が描かれているのには大いに注目できる。「いんきょ（隠居）」していたのは初代松本清十郎。尾張屋は二代目が継いでいた。

他の町々を見ても隠居所を持っている人は見当たらないから、清十郎家が特別だったわけだ。これは新吉原建設に貢献した清十郎が隠居後もこの町に住み続ける権利を得ていたと考えてもいいだろう。いわゆる自家の所有権である「沽券状《こけんじょう》」を得ていたとみる。この時代、幕府や地域に貢献した褒美として「沽券状」を得る例は他にもある。

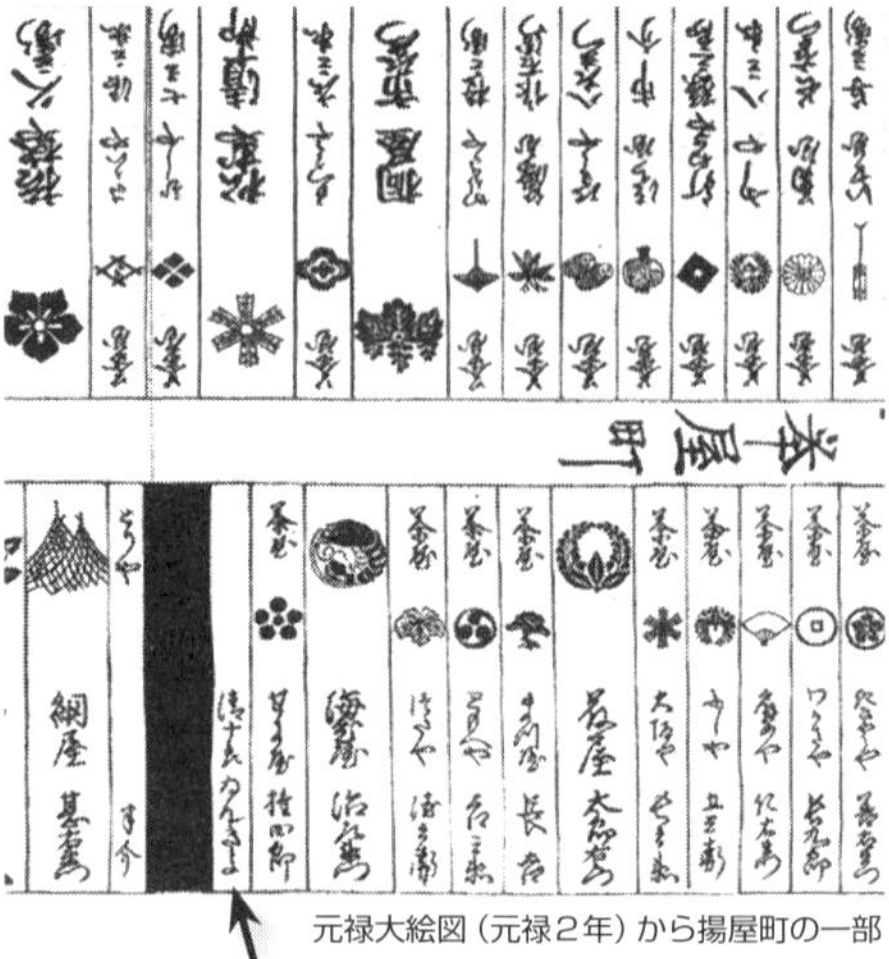

元禄大絵図（元禄2年）から揚屋町の一部

吉原を書く文献の中に尾張屋、松本清十郎はたびたび出てくる。

「尾張屋の店先にだけ馬を繋ぐ駒繋《こまつなぎ》（馬立て）がある」。

「尾張万歳など門付け芸人は吉原の大門をくぐると、最初に尾張屋に行く」。

「吉原で初めて井戸を掘ったのは尾張屋」。

等々、どれも「尾張屋は特別だ」というニュアンスのものである。

その一つ、「尾張屋にだけ駒繋」に注目。吉原は大門から先は馬や駕篭では入れなかったという。それがもっとものように伝わっているが伊達藩や尾張藩の大大名が歩いて揚屋に向かうわけはない。「尾張屋の店先に駒繋」は、「尾張屋に行くときだけは（特別扱い）下馬の必要なし」と、読む方が当たっているのかもしれない。

◇尾張屋の庭の道祖神

こんな事実もあった。

吉原の遊女が客に手紙を送る際、その封じ目に、「かよふ神　くわんじやう」と書く。それは長く吉原の慣《なら》いとなっていた。手紙が無事に届くよう、客が無事に遊女の所に通ってくれるように――、の願掛けである。遊女たちのそんな信仰を集める「かよふかみ＝通ふ神」とは道祖神である。その像は尾張屋清十郎の家の庭にあった。

道祖神とは村の入口や街道の要所に祀り、悪霊を防ぐこと。また、男女二体神として安産や子どもの守り神が表向きだが、転じて男女陰陽の性の神。遊行の神としての一面を持ち、民間信仰を集めているものだ。「通ふ神」としては、伊勢参りの道中祈願。伊勢近辺の妓楼の守り神が知られている。

『吉原大全』巻之三「かよふ神の事」の条にも、

道祖神をいく云々。

すべて女郎の文の封じ目に、かよふ神と書くは、道祖神の守りありて、文を恙なく届かん事を祈る為也。昔揚屋町尾張屋清十郎方にかよふ神を勧請せしも、此里へ来る遊客、往来の節、障りなからん事を祈る故とぞ

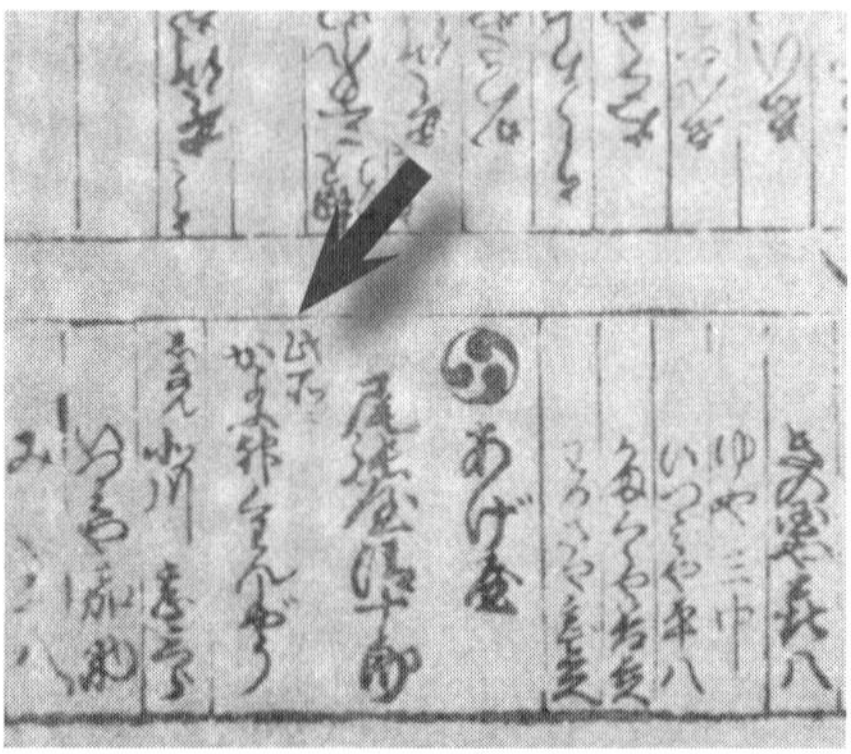

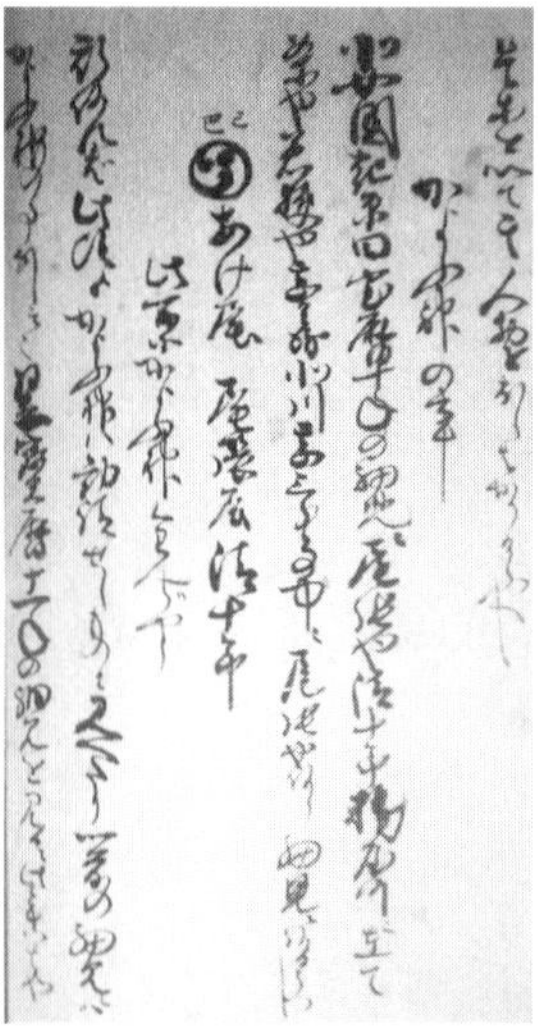

㊤宝暦8年（1758）吉原細見花橘より
㊧『吉原大全』かよふ神の事

とある。

清十郎の家の庭には、道祖神を拝みに来る遊女たちが絶えなかったろう。掲出の挿図は宝暦8年の「吉原細見」。「かよふ神」が描かれている。

◇吉原に井戸を掘ったのも清十郎

井戸の話も清十郎が主人公だ。吉原には井戸がなかったが、最初に井戸が掘られたのは尾張屋の前だという。

『吉原大全』から。


元禄宝永の比、紀伊国屋文左ヱ門とい、し人、あげや丁・尾張屋清十郎かたにて、はじめてほりぬき井戸をほらせしに　水おびたゞしく湧き出。ことさら名水なりければ　皆々この水をよび井戸して遣ひけり。中の丁のすへ　呼戸樋《よびとい》のとまりなれば　水戸尻といふ。紀文此井をほらせし時、祝義として　升にて金銀を斗《はか》り　まきちらしけると　今にかたり伝へ侍る。

有名な紀伊国屋文左衛門は尾張屋の常連客だった。その紀文がある日、「吉原が水に不自由しているなら」と清十郎の家の庭に掘り抜き井戸を掘ってくれた。すると名水がたくさん湧き出して吉原の人々はみなこれを使った。紀文はこの時、枡に入れた金銀を祝儀としてまき散らした、と書いている。

吉原に始めて井戸が掘られたのは清十郎の所だったという記述だ。

この話は、『新吉原細見記』に、「此本、五丁町の図中、あげ屋町の所に井戸初と記し、は、紀文が此里に始て掘しといふ井なるべし。」などもあるから、「吉原で初めて掘られた井戸は揚屋町にあった」は間違いなさそうだ。

これに対し、江戸文化・風俗の研究者で江戸学の祖といわれる三田村鳶魚《えんぎょ》は、「井戸掘リシハ紀文ニアラズ。奈良安ナリ。」と注釈をしているが、揚屋町の入口に井戸があるのは事実である。そして、紀文も奈良安も尾張屋の客だった。ちなみに奈良安とは江戸を代表する材木商の奈良屋茂左衛門。吉原での豪遊で紀文と張り合った豪商だ。

吉原と井戸の話は複数の本に書かれているが、次が正解のように思える。『北里見聞録』である。

世に紀文尾張屋へ井戸を掘て遺はしたりといへるは妄説と見へたり。若し堀て遺はしたらば、今其井戸新町にあるべきに、其跡方なく、里人の口稱にもなし。仲ノ町桐や佐七の母が物語るには、尾張屋揚屋町へ住居して、廓中井戸なきを愁ひ、不動へ宿願して掘らせしに、名水を得たり、難レ有餘りて右不動尊の庭へも井戸を掘たり、今猶有、云々。

吉原の町の井戸については様々に言われているが、本当のところは、尾張屋清十郎が揚屋町に住むようになり自分の家に井戸のないのを不便に思い、清十郎自身が掘ったのだ。ついでに不動尊の所に(町のみんなのために)もう一つ掘った。その井戸が今もある。——と仲ノ町の桐屋佐七の母が語った話が史実に近そうだ。

「不動へ宿願して掘らせしに…」をピックアップして、「陰陽師に水源を占ってもらい」と、陰陽師に引き寄せようと思ったが、我田引水が過ぎると思われそうなので止めておく。ただ、当時井戸を掘るのは、あてずっぽに工事するわけではない。当然、陰陽師の指図に従っている。「水回り」は鬼門の有無など、昔も今も神官の出番である。井戸の工事に陰陽師が関わらないわけはない。

西鶴が書いた

清十郎は小説のモデルにもなっている。作家は何と、井原西鶴である。作品は名作『好色一代男』。つまり清十郎は、当時のベストセラー作家がモデルにするほど有名だった。その一節を紹介する。

まづは吉原の咄聞きたし　新板の紋尽し　紅葉は三浦の（高尾）太夫と　評判記なるものを読むが早いか　心ときめき　花の散らない先に　さあ　出かけようと吉原をめざして　一目散　大門口の茶屋　揚屋尾張屋清十郎方にいけばさすが　御名は　予てより　受け給わっておれば　八畳敷きの小座敷に案内するのでありました

小説の舞台は花の吉原。登場するのは江戸の大スター、花魁《おいらん》「高尾太夫」。店は普通の人の財力ではとても上がれない高級揚屋「尾張屋」。庶民あこがれの舞台設定である。そして小気味の良い文章の運びは、さすがは西鶴、と思わせるものだ。

さよう、この時代の庶民を惹きつける大衆小説の主人公は高尾太夫に並んで松本清十郎だったのだ。

西鶴作品は読み物だが、目をむくような実話も清十郎にはあった。日本三毒婦の一人とも言われる、「妲妃《だっき》のお百」は清十郎の後妻になっていたのである。江戸の毒婦を代表する「妲己のお百」。歌舞伎・浄瑠璃・怪談でも有名だからその名はご存じだろうが、世にもまれなる美貌の持ち主だったという。その「お百（於百）」は、なんと、清十郎と結婚していた。

毒婦などと言われるから、さぞ、お百という女は悪い女と思われそうだが、どうも男たちの方が一方的に彼女の美貌に魅せられて群がって来た——、それを傍から見ると、次々に男を替えている悪い女、とされてしまっている。これが実際のようだ。

このお百の物語を書けば、ゆうに一冊の単行本になるほどである。ここでは、本論とは離れてしまうので詳細は割愛し、お百の男性遍歴だけ箇条書き風に記しておく。

①、京の祇園の山村屋の芸者（女郎）だったお百。

②、上客の鴻池善右衛門が彼女に惚れ込んで、水揚げ代百両で身請《みう》けする。

③、江戸の歌舞伎役者・津打《つうち》門三郎と情を通じ、門三郎と江戸へ逃げる。
④、門三郎の義兄弟である松本幸四郎との噂が立ち、門三郎とは離縁。
⑤、新吉原の揚屋海老屋の仲居頭となる。
⑥、尾張屋清十郎が後妻とする（結婚生活、約1年）
⑦、秋田藩佐竹家の家臣・那珂《なか》忠左衛門が彼女に惚れ、清十郎に「譲ってくれ」と頼み込む。清十郎はこれを承知し、お百は忠左衛門の妾となる。
⑧、秋田騒動勃発（原因は財政難対策としてお百が忠左衛門に提案した銀札発行が失敗したことといわれる）
⑨、忠左衛門は切腹する。
⑩、お百は名前を「りつ」と改め、高利貸し高間磯右衛門三郎の妾となる。

箇条書きながら思わず想像を深めてしまい、読みふけってしまうほどドラマチックな半生である。

「妲妃のお百」で脱線してしまったが、縷々《るる》述べて来たように松本清十郎は江戸吉原では特別の存在だった。

故郷、須佐村の松本清十郎

◇清十郎が寄進した念仏堂がこれ

『北里見聞録』の記述の一文に「尾州知多郡は江戸吉原より建立せし念仏堂あり…」があった。清十郎ら須佐の男たちが吉原で成功、故郷の村に念仏堂を寄進したとのことである。それは事実なのか、念仏堂はあるのか。追跡してみた。するとあった。

　その「念仏堂」とされる建物は、清十郎の故郷、小佐《おざ》村（須佐村に隣接する枝郷）の東方寺の

光明寺（南知多町豊浜）の薬師堂。これが清十郎が寄進した「小佐の薬師堂」そのもの。

本堂そのものであり、延宝8年（1680）に建造、寄進したものであった。

この堂は、通称「小佐の薬師堂」である。これは元禄時代から唄われる「〽須佐のみなとは　金だらけ金だらけ」の『豊浜須佐踊り』にも登場し、地元では大変親しまれていた薬師堂である。

〽わしの若いとき小佐《おざ》まで通うた
小佐の薬師堂で夜が明けた

ところが明治初年の神仏分離令（廃仏毀釈《はいぶつきしゃく》騒ぎ）は、小さな寺を廃寺または統合させようとする一面もあった。この地方でその犠牲になったのは小佐村の東方寺。まさにこの寺だった。

明治初年まであった東方寺は須佐の光明寺の末寺で光明寺をしのぐ歴史もあったようだ。それが政令により廃寺のやむなきとなった。そして、明治7年に光明寺境内に移築。薬師堂となって今に残っている。前頁に掲出の写真である。堂内にある沢山の絵馬などの装飾物も東方寺からの物。即ち、江戸吉原からの寄進の品々とみていい。

この薬師堂は清十郎が延宝8年（1680）に建造し寄進したもの。寄進者の名は棟札にある。棟札を確認したのは澤田次夫氏。そこには須佐村の代官と共に清十郎の名が記載されていて、「(何人もの名があるが）おそらく清十郎一人の寄進だろう」と氏はいう。

薬師堂の天井は七十二枚の美しい天井絵が飾られている。その一枚一枚に寄贈者の名が記されている。これが作られたのは、延宝8年の数年前だから、当時のこの地方の有力者たちである。

名前を天井を見上げたかたちで列記する。列記の上部が本尊のある方向。

中村市右衛門・梶田又太郎・見　心・関　貞似・弥　盛・裕　盛
家田長左衛門・柳　仁左衛門・吉原善右衛門・石黒五兵衛・柳　市右兵衛・梶　如庵
西村□四郎・林氏正次・素　舜・家田加左衛門母・坂部庄三郎・天木氏光玄
中村貞心・桝村次郎右衛門母・間瀬喜右衛門・柳　広重・大工　久左郎・吉田氏
諏訪源五衛門母・川合盛政・山下平右衛門・中村氏正信・清　恩・吉田氏祖心
祖　永・相川忠右衛門母・山下平右衛門・西村太右衛門・田中与五左衛門・柳長五郎
真　盛・間瀬氏妙息・海峯道如・関　貞勝・天木氏・天木秀之母

林氏正次息・野口氏重直・中村氏母貞寿・桝村源左衛門母・鳥居氏・田中氏息
険　空・木全氏・間瀬喜右衛門母・久郎八母・木藤喜衛門・沖宮□林
良　盛・木藤喜衛門娘・川村市□郎・西村太左衛門・木全不伝・川村長衛門
柳　瀬衛門・間瀬氏泰納・鳥居源右衛門・中林荒木田末久・間瀬泰納娘・林喜衛門
川合盛正・濱田市右衛門・舜　盛・関　貞似娘・青　雲・柳　理衛門

（□は不明の字）

川合盛正は千賀志摩守の筆頭家老。他、千賀家の家臣は、林氏、木全氏、天木氏、野口氏ら十五名。「氏」をつけた名とそうでないものが混在しているのも難解だ。「氏」を何か意味のある尊称とみるなら、この人たちは名前だけで寄進金は出していない人？　それとも江戸詰や名古屋詰で須佐にいない人？　あるいは故人？

川合盛正の名のある位置が最上位とすれば、それより右へ続くのが一応の序列だろう。当時の須佐村の庄屋は、家田長左衛門と相川忠右衛門である。「代官」「オンニョ」と呼ばれている柳の姓は六人いる。

それにしても「良盛」、「険空」、「真盛」、「祖永」、「弥盛」などという名の人は誰なのだろう。僧侶なら「梶　如庵」のように姓があってもよさそうだし神官の名ではなさそうだ。紀州山中から来た修験者の名にも思える、——と考えていて思わず膝を叩いた。

これが造られたのは延宝8年（1680）。新吉原開設から二十三年後。清十郎の名が地元の寄進記録に見られるのは延宝2年（1674）に金二十両を光明寺に贈っているのが最初。つまり吉原進出の明暦3年（1657）より十七年後である。わずか十七年で大金を寄進。さらにその六年後には薬師堂を新築して寄進するのだ。完全に吉原で成功していた証拠だ。

その成功の御礼として薬師堂を寄進したのなら、新吉原建設に清十郎を指名してくれた千賀氏、そして工事に関わり多くの人脈を提供してくれた陰陽師諸氏の名があっ

薬師堂の内部。寄進された大絵馬や天井絵が見事

ても不思議ではない。この二つ文字の名前の十人は新吉原建設に貢献した陰陽師ではないだろうか。

安倍晴明《あべのせいめい》家（土御門家）の系譜を眺めると「〇盛」などの名が多く見受けられる。ここ須佐村の陰陽師は土御門家傘下。したがってこの二つ文字の人は陰陽師。そう考えれば合点がゆく。いや、そうに違いない。

合わせて考えてみる。七十二名のうち、千賀家の家臣が十五名内外、陰陽師と思われる名が十一名、柳家が六名。これで三十二名。この人たちが清十郎を支えたと思っていいだろう。二行目の石黒五兵衛は吉原に住み清十郎の資金を運用する男である。彼については後の章で「揚屋の両替商」として書く。

江戸の町では井原西鶴の「好色一代男」に実名で登場するほどのスターだった松本清十郎。地元では盆踊り唄に実名で登場、四百年の長きに亘り歌い継がれている。「千賀さん」で始まった『豊浜須佐踊り』は、清十郎で終っている。

〽向う通るは清十郎じゃないか　笠がよく似た　似たような笠だ
笠が似た人　清十郎とあらば　おかげ参りは　みな清十郎

千賀志摩守。そして徳川家康

新吉原遊廓をつくった男の一人、松本清十郎についてのあらましはご理解いただけたと思う。さて、新吉原をつくった男のもう一人、千賀志摩守についても詳しく触れたいのだが、千賀を語るうえで徳川家康と知多半島を知っておかないと誤解を生じよう。それらを合わせて述べる。

遊廓開設は幕府主導の公共事業

吉原遊廓は江戸でただ一つの幕府公認の公娼の街である。その街が別の場所に移転され建設されるのが新吉原である。

分かりきったことをあえて言うが、誰でも勝手に造れる色街ではない。お上の様々な承諾がなければ認可は下りない。勝手な営業もできない。さらに数千人もの遊女が

いる歓楽地。大きな利権もある。さらに江戸時代初期のこと、現代感覚とは違うワイロなどの裏構造も当然のようにあったろう。そればかりではない。歓楽地という悪所の治安管理という難しい問題もついてまわる。だから、新吉原建設とその運営という公共事業は、相当なレベルの幕府高官でなければ関わることができないはずだ。

――そう考えを進めると、元吉原から新吉原への移行は、徳川幕府そのものが関わっていなければ出来ない事業だ、との結論に達する。

では、誰ならこの国家的公共事業をなし得るのだろう。文句なくできるのは家康。但し、吉原移転が取り沙汰されるのは慶安の頃、既に家康はいない。しかし家康に直結した旗本高官はいる。彼らの誰かがこの事業に関わったとみて話をすすめてみたい。

新吉原開基の時点で尾張国南知多衆が遊廓町の中心にいきなり現れたことは事実として確認できている。いきなりの参入、それも従来いた元吉原の有力者を排除してのことである。こんなこと南知多の男たちだけでできるわけはない。少なくとも彼らの後ろ盾に旗本高官がいなければ無理だ。そんな旗本がいるのか。いた。千賀志摩守である。

◇知多半島は尾張藩ではなく特別な地域

まずは、家康と知多半島、そして千賀について述べておきたい。
本論は新吉原開基の話なのに回り道をするようだが、これが意外と重要。後で効いてくる一件だからお付き合い願いたい。

意外に思われる方が多いだろうが、知多半島すなわち知多郡は尾張国にあるが実は尾張藩ではなく幕府直轄地だったと断定できる。それを裏付ける史実がいくつもある。その筆頭は、知多郡は尾張藩札が使えない「藩札不融通の地」だったことだ。藩札が使えない地域が藩内であるはずはない。特別な行政区だったのだ。さらに知多郡の年貢（徴税）は、米でなく「正金で納税」する制度だった。

さらに、知多郡で徴税された「正金」は家康の許へ納められていた。尾張藩主への納税でなく家康へ納税していた。また、家康亡き後も知多郡の年貢が岡崎へ「お化粧料」として送られていたようだ。「お化粧料」というからには当主クラスの女性へのもの。例えば家康の母・於大の係累。例えば徳川二代将軍・秀忠の正室（お江）の姉（茶々）

など。……ここは面白く、思慮にいとまはないが、それらは別の機会に。

その岡崎へ送るお化粧料は、江戸時代を通してのものだったのか、知多郡の全村がそうだったのかは調査が及んでいないが、ともあれ、知多郡は「特別な地域」だったことは間違いない。


知多郡は家康の支配地だったとする史実に迫ってみる。

関ヶ原の戦（1600）の後、家康はそれまでの尾張領主・福島正則を安芸国（広島）に転封させ、武蔵国から松平忠吉（家康の四男）を清洲城に移して尾張領主にした。だが、知多郡は家康の直轄地として尾張藩領にはしなかった。

知多半島一円が豊臣秀吉領、織田信雄《のぶかつ》領から徳川領になった当初は伊奈忠次《ただつぐ》の名で徴税している。その後は松平右衛門の名で徴税している。二人とも家康の代官。ことに伊奈は家康の側近中の側近で代官頭である。

慶長11年（1606）に知多郡を忠吉に加増するが、その際も「千賀孫兵衛の知行地のうち在所の師崎と須佐はそのまま千賀のものとし、篠島、日間賀島、乙方、片名の四村は蔵入れ地とし、代官支配とする。」として実質的に家康の支配下においている。さらに千賀氏の身分・処遇ついては、「今度、知多郡を尾張藩主松平忠吉に加増するにあたり、千賀氏を尾張藩に付属替するから、千賀氏の本領は従来通りとする。」こととしている。

これは千賀氏を名目上は尾張藩属とするが、実質は家康の代理として知多郡を管理するということである。

その裏付けともいえる文書があった。

慶長14年（1609）は、江戸開府から七年経った二代将軍秀忠の時代。尾張藩主は徳川義直の時代の文書。「金子請取状」である。

《黒印》合百五拾貳兩者
是ハ尾州申ノ米売金之由、但壹両ニ付四石弐斗
ゐい之由、仍如レ件
慶長十四酉　二月二日
松平右衛門佐（花押）
千賀與八郎殿

内容は現代語訳するまでもなく、「昨年（申年）の徴税額、百五十二両を慶長十四年二月二日に受け取った」とのもの。慶長十三年申の蔵米代金年貢米は、石高を換算すると六三八石四斗となる。発行人は家康の代官・松平右衛門（正綱）で、宛先は千賀與八郎（信親）である。

書状の文面のみから見れば、家康の奉行松平右衛門正綱が発給した金子請取状にみえるが、「合百」の上に捺されている黒印は家康のもの。この黒印は、「家康の自筆文書に使用されているものと同一で家康の使用印に相違なく、よって本状は家康の請取状と理解してよい」と採録者（『徳川家康文書の研究』徳川義宣著）の注釈があるものだ。

これは知多郡内にあった蔵入地の貢租であることは文面から明白。つまり、知多郡の蔵入地の貢租を家康が請求、受領しているのがこの書状である。

そして請求先は、尾張藩主の義直や尾張藩の家老でなく千賀信親である。信親は請求された百五十二両を松平正綱経由で家康に渡しているのだ。これで知多郡内の租税を家康が受け取っていたこと。さらにそのパイプは千賀であったこと。さらに、尾張藩抜きの家康と千賀の関係も明確にみえる。

この書状から二代将軍の時代になっても知多郡の徴税者（支配者）は家康であったことが証明できる。

なお、これと同様なことが木曾奉行の山村甚兵衛に対しても成されている。

家康は慶長5年（1600）に木曾を自らの直轄地にし、山村を代官に任命した。元和年間になり表面上は尾張藩領にする。形式上は木曽の山々と木曽川右岸の要衝である美濃四郡を義直に加増し、さらにその後、美濃十三郡も尾張領としたのである。「信濃国の木曾」をそっくり「尾張国の木曾」にしたわけだ。しかし、木材の管理は山村すなわち家康の手から離していない。

家康は木曾の木材とそれを運搬する木曽川の水路、また千賀が掌握する知多郡の海運力を完全に手中にしていたのである。

木曽は、関ヶ原の戦い後から明治になるまで一貫して徳川幕府の直轄領で、代官は江戸時代を通して山村甚兵衛（代々甚兵衛を名乗る）である。山村氏は一代官でありながら江戸にも拝領屋敷を与えられるという特別待遇を得ている。

このように幕府の直臣でありながら尾張藩の家臣となる例は千賀氏や成瀬氏（犬山城

主）らも同様で、いわゆる二重封臣《にじゅうほうしん》である。

これは武家が主君を二人持つということであり、「二重封臣は全国でも稀な例である」、「これは、わが封建制の建前、あるいは主従間の道徳と相容れない、特異な現象といわねばならない」のである。（「山村甚兵衛と千村平右衛門─わが近世封建制における二重封臣関係について─」林董一氏）。

当時の武家社会では許されないとされる二重封臣だが、家康はあえてこの方策を採ってまで尾張の重要な地域を手中にしておきたかった。幕府（家康）は尾張国全体を尾張藩主に与えた形にしているが、実は木曽谷の材木資源や知多半島の海運など重要な箇所は家康がしっかりと握っていたことに他ならない。

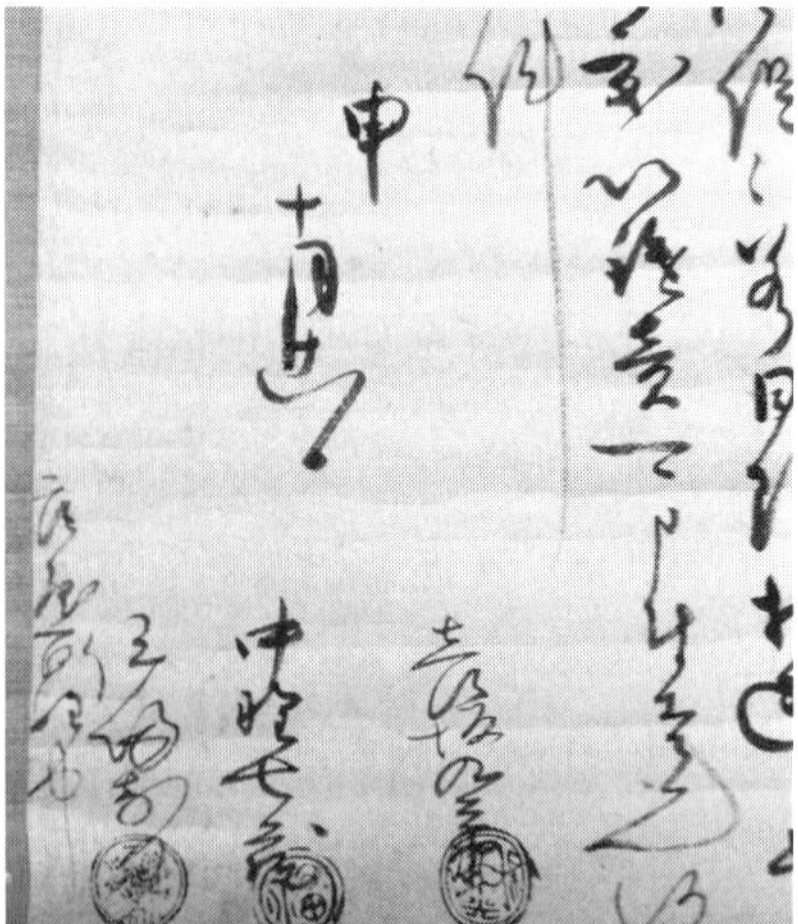
慶長１３年（1908）の知多郡の検地帳。三人目の著名が伊奈忠次。この時代、彼が代官頭だった。＝旧松原村・小島家蔵より

なお、家康の尾張一円の支配の先頭に立っていたのは伊奈忠次備前守で

ある。彼は家康の代官頭として辣腕をふるった。木曽川の整備や街路の新設の指揮を執ったのも彼である。忠次が後年、関東代官頭として治水・灌漑事業に功績を上げているのは尾張・知多での経験が元になっているのだろう。

◇知多郡と木曾谷は幕府直轄領

前項で繰り返し述べたように、尾張国知多郡というが、それは地理的な意味で尾張国に入ってはいるが、実は三河国との結びつきの方が断然強く、さらに言えば、家康の国とさえ言える。事実、江戸時代を通し幕府直轄領の扱いであった。これらは、前にしつこく書かせてもらった通りだ。

尾張領でも天領でもどっちでもいいことのようだが、そうではない。知多衆の新吉原進出の史実の裏打ちとなることだからここは譲れない。知多半島と木曾谷が家康以来の幕府直轄地で家康所縁の幕臣が統轄《とうかつ》していなければ新吉原遊廓の建設がこうもスムーズに運ばなかったと思えるからだ。

結論から書けば、知多半島は地理的には尾張国だが尾張藩に従属していない。幕府直轄地である。つまり知多半島は幕府が遠慮なく手を出せる地域だった。他の藩なら出入国などに様々な面倒もあるが、知多郡なら幕府の国も同然。まして家康の旗本、千賀志摩守が陣取る地域だ。

だからこそ松本清十郎ら南知多衆の吉原進出なども何の問題もなく、とんとん拍子に事は進んだのである。

家康と千賀の特別な関係

家康と千賀とはかなり強固な主従関係にあった。それは織田信長の時代から始まり、豊臣秀吉の時代には完全に固まっていたものと思われる。

簡略に述べる。

秀吉が天下統一を成し遂げた天正18年（1590）、家康の関東移封に際し千賀孫兵衛重親は水軍を率いて同行、江戸湾の守備を担った。陣取ったのは伊豆半島の先端の三浦岬は城ヶ島。江戸湾の喉仏《のどぼとけ》のような場所だ。その徳川直轄領である三崎に一千石を領して船奉行を勤めた。その後の朝鮮出兵では家康配下で輸送に従事している。

江戸湾の守備に絶好の三浦岬

慶長5年（1600）関ヶ原の時、千賀は家康に従い知多半島に戻り、今度は伊勢湾の喉仏《のどぼとけ》である師崎を本拠に家康の船奉行を続けた。当時、知多半島は九鬼水軍に占拠されていたがこれを撃退している。

その後、この地を本拠に江戸時代を通して二百七十余年、一度も代わることなく徳川家の船奉行を務めた。

家康と千賀の関係を裏付ける貴重な事実を発見した。

家康の軍配扇・馬標《うまじるし》は「日の丸扇」である。それを「千賀家も使ってよろしい」とのことで、千賀家の家紋も船印も「日の丸扇」

㊤千賀の船印。㊦千賀家の屋敷の瓦に施された家紋

『東照宮縁起絵巻』巻二「関ヶ原合戦」の絵。鮮やかな「日の丸扇」が掲げられている。絵の中央の木製の楯の前の馬上の人が家康。「小牧長久手の絵」にも日の丸の馬標がある。
＝岡崎美術博物館

となった。

千賀の船印は尾張徳川家の御用船にも用いられた。千賀は同家の船奉行、御用船は千賀所有の船なので船印を掲げるのは当然なのだが、日本の海はこれでフリーパスに近い状態になったのである。

当時の大名家、旗本家の家紋や馬標は全国に知れ渡っているものだ。参勤交代の大名行列が交差する際、いち早く先方の家紋を認識して家格を判断、道を譲るか否かを瞬時に決めることは知られたことだ。また、「この紋所が目に入らぬか！」の水戸黄門の印籠は講談話だとしても、家紋は武家そのものを示すものだったことは分かる。

つまり武家たちから見れば、軍配扇・馬標・船印を共有する徳川家康と千賀志摩守は親密な関係。あるいは一体にさえ思ったかもしれない。千賀は禄高も低い船奉行だが徳川の馬標を預かる特別な武家。そう一目置かれていて当然だったと思うのだ。

新吉原遊廓開基に千賀が関わっている。なぜ千賀なのか。それを突き詰めていくと、この頃は既に故人だが、はっきりと家康がみえた。そしてその傍らには千賀志摩守がいたのである。

木曾谷の資源や東海の海の利権は、家康ががっちりと握っていたことは分かった。

そして家康亡き後も江戸時代を通して木曾奉行は山村、船奉行は千賀が務めている。これらの莫大な利権は家康亡き後もどこかに（多分、家康の遺志に基づき）安定的に渡されていたのだろう。この安定したルートが確立していたからこそ、山村も千賀も徳川二百七十年を通して変わらぬ地位を守られていたとみる。したがって千賀は江戸幕府の徳川家上層部と太いパイプを持ち、隠然とした力を保っていたのだ。

ちなみに新吉原建設の頃の千賀志摩守は信正。その正妻は山村甚兵衛の娘である。両家にはしっかりとした血縁関係もあったのだ。

もう答を書くまでもない。

新吉原開基に関わった影の支配者は家康の腹心たち、ことに千賀志摩守は中心的な働きをしていたとみるしかない。

知多半島から出発する清十郎や陰陽師、後に書く黒鍬衆ら一団の江戸行きは千賀志摩守の船である。千賀船の舳先には、「日の丸扇」の船印が揺れる。これがあれば江戸湾の入口、下田や浦賀の海の関所も難はない。

ゆうゆうと彼らは江戸に入っていったのである。

知多半島は家康の故郷である

さて、吉原をつくった男たちのバックにすでに故人とはいえ家康の力があったことは分かった。では、家康にとって知多半島とはどんな土地なのか。どんな思い入れがあるのかを書いておかないといけないだろう。

知多半島は上方と江戸を結ぶ東海航路の主要な寄港地であり、三河湾と伊勢湾を睨む絶好の地形が戦略的にも重要な場所だ。しかし、それ以上に家康は知多半島に特別な思いがあるのである。

◇知多半島は母の故郷

家康の生母・於大《おだい》は知多半島の人。彼女は緒川城主・水野忠政の子として享禄元年（1528）、知多郡緒川《おがわ》（現・東浦町）の緒川城で生まれた。水野氏は知多半島北部一帯か

ら三河の刈谷《かりや》まで大きな勢力を持つ豪族だった。於大は十四歳で岡崎の松平家の当主・松平広忠に嫁《か》して翌年、家康（幼名は竹千代。さらに松平信康と名乗るが、煩雑になるので以降は家康に統一する）を産んだ。

於大は十八歳の時、実家の水野家の政略で松平広忠と離縁させられ帰郷。三歳の家康は岡崎に留め置かれた。母子の別れであった。

幼い家康が母を慕わぬわけはない。毎日毎夜、母の暮らす知多半島を想っていたことだろう。母の実家であり故郷である知多半島。家康は今すぐにでも走って行きたい所であったはずだ。

◈母と子の涙の対面と桶狭間の戦い

まさに印象的な出来事があった。

十九歳になった家康。桶狭間の戦いの時は今川義元軍の先鋒隊として大高城《おおだか》にいた。大高城は知多半島のつけ根の辺り、織田信長が陣を張る熱田神宮とは二里余り（9～10㎞）の場所、まさに今川軍の最前線である。この城に家康は武器や馬、兵糧を運び込み義元の到着を待っていた。永禄3年（1560）5月のこと。この大高城は今川が尾張国征服の拠点とする重要なものだった。家康は今川軍の先頭にいる武将だが人質という身分は変わっていない。

この頃、松平家と離縁した於大はまたも水野家の政略で知多郡阿久比の豪族・久松俊勝に再嫁していた。久松は織田方である。

さて桶狭間の戦いの時である。

於大は久松の居城・坂部城にいた。家康とは三歳で別れて以来十六年間も会っていない。但し、人を介して幼い家康に着物や菓子などを贈り続けていたともいう。そして、まさに桶狭間の戦いが始まる二日前の永禄3年5月17日のことだ。家康はなんと久松軍の坂部城を訪れ、於大と再会を果たしたのである。武家の親子とはいえ十六年ぶりの母と子の対面は、やはり涙の一場面であったろう。

この日のことは具体的な年月日を含め阿久比町教育委員会が史実として明示しているのだから信じるしかないが、今川軍の先鋒隊大将の家康が織田軍の前線である坂部城に開戦中であるにも関わらず、のこのことやって来たのは如何にも不可解だ。

しかし、桶狭間の戦い以前から家康は既に織田信長と通じていたとみればこの出来事は決して不可思議ではない。さよう、於大を通して家康と信長はずっと前から親密な関係だったとみることができる。それは家康が人質に出されたのは今川家だけではなく織田家の人質にもなっていることを思えば分かりやすい。

織田の人質だった幼い家康と、まだ少年の信長は同じ屋敷に暮らしていたのなら面識もあったろう。子ども同士だ。遊んだこともあったはず。それを契機に信長と家康の関係が始まったとみる。そして織田方の水野家には家康の生母、於大がいた。さらに於大が再嫁した久松家も織田方。両家を通じて徐々に二人には太いパイプが構築されていったのであろう。

それを踏まえれば、坂部城での母子の再会の日の二日後、5月19日に勃発した桶狭間の戦いは戦国期屈指の奇襲劇でも偶然でもなく、家康が手引きした戦術だったとも仮定できる。また、この戦で勝利したのは信長だが家康も大きな利を得ている。三歳から十九歳まで強いられて来た長い人質生活から晴れて解放されたのがこの戦だった。それればかりでなく生家でもある岡崎城を戦わずして手に入れている。あっと言う間に岡崎城主になったのだ。敵であるはずの織田軍も攻めて来ない、まさに無血の勝利を得たのが家康だった。

桶狭間で今川義元が討たれた。その時、家康は大高城にいた。その後の逃走経路は次の記録に明解である。

桶狭間役、大高ゟ《より》南走し坂部に抵《いた》り、矢勝川を渡り上半田の柊《ひいらぎ》の邊《べ》ゟ《より》成岩《ならわ》村常楽寺に入る。この間、道不相知《あいしらず》の家康を案内したのは常滑《とこなめ》村在住の衣川八兵衛。常楽寺に一泊した後、今の半田港の前身船作場ゟ《より》乗船、三州田戸に上陸したもの、如し、

（常楽寺舊記　文禄4年3月）

右の記録のように家康が走った知多半島は紛れもなくすべてが織田の支配地、すなわち敵地である。坂部地域は久松の領地。上半田村、成岩村は織田方の水野の支配地。さらに道案内をした衣川八兵衛は常滑《とこなめ》の人。常滑地域一帯はこの時代から織田一族の支配下。このように家康は織田方の勢力に守られて敵地である知多半島を難なく縦断、岡崎へ走ったのだ。

桶狭間の話は「新吉原をつくった」という本論から逸れるのでこれくらいにしておくが、家康とその背後の信長。ちょっとその気になって調べれば分かる。

◇篠島の和尚と家康。可睡斎秘話

「可睡斎《かすいさい》の誕生秘話」はよく知られた出来事だ。話の展開がおもしろいので作り話のようだが概《おおむ》ね史実だろう。

五歳の家康が今川の人質となり駿府にいた時のことである。

篠島の古寺、古城山妙見斎《みょうけんさい》の住職・等膳《とうぜん》和尚は寺の改装資金の寄進集めに岡崎にいた。和尚はかねてより家康の父、松平広忠とも親交があったことから岡崎城に行った。広忠は和尚に、「幼い時から松平家のために人質生活を重ねる家康が不憫《ふびん》だ。できれば家康を今川から取り戻し、織田家とも不戦、不可侵《ふかしん》などの話し合いをしたい」などと言った。意気に感じた和尚は家康の奪還を企てたのであった。

今川家の家臣に千賀家の縁者の千賀親久《ちかひさ》がいた。千賀と和尚は地元の昵懇《じっこん》である。和尚は親久を説得、ある日密かに家康を幽閉《ゆうへい》先の寺から連れ出すことに成功した。家康を連れた和尚の手の者は駿府から清水港に走る。港には千賀の船頭が待ちうけ、海路、篠島へ渡った。島では和尚の寺・妙見斉に匿《かくま》われた。そして事態の落ち着くのを見届けた和尚は、家康を岡崎城に送りとどけたのであった。

時代が移り、浜松城主になった家康はその時の恩義を忘れず和尚を城に招き、謝意を伝え宴席を共にしていた。昔話に花も咲き、宴もたけなわの時、和尚はこっくりこっくりと居眠りを始めてしまった。慌てたのはお付きの家来たちである。

「殿の御前で居眠りとはけしからん！　無礼討ちにしてくれようぞ！」

と今にも刀を抜かんとする勢いだ。

待て！っと、それを制して家康は、

「余の前でも平然と赤子のように眠るとはさすが和尚。人質の余を助け出した度胸をいまだにお持ちだ。和尚！何の遠慮もいらぬ、眠るべし。誰の前でも構わぬ、和尚、居眠りすべし」。

そして家康は和尚に「どこであろうと居眠りは可なり」との意味を込めて、「可睡斎」と命名、さらに東海四ケ国の僧録司《そうろくし》に任命した。この官位は、駿河、遠江、三河、伊豆の東海四ケ国の寺院の長たる地位で、東海地方の約三千五百もの曹洞宗系の寺院を管理するもの。家康は旧恩を返したのであった。

「等膳和尚と過ごした幼い日の篠島の思い出」を発端として家康は、知多半島や篠島を実の故郷のように、以後、何度も訪れている。それも彼にとって人生の岐路に立つ大事件の時、なぜか知多半島にいた。

◇本能寺の変、伊賀越えの数日後

天正10年（1582）6月、本能寺の変。その時、堺にいた家康は本拠地、岡崎へ必死の思いで走った。有名な家康の逃走劇「神君伊賀越え」である。逃走ルートには諸説あるが、多くの説に「篠島」は抜けているが、篠島の神明社に記録が残っていた。

一、天正十年壬年六月　家康公堺より御帰国の節東風の為当初御止宿為武運長久の御祈祷御備物干菓子一折拝領　現住　秀範□（一字不明）

家康は伊賀越えの数日後、篠島に上陸した。そして氏神（神明社）に武運長久の祈願をし、干菓子をお供えし、海路の風待ちをしながら一泊していた。との記録である。

家康の逃走ルートを検証してみよう。

堺から飯盛山など奈良と京都の外れの山中から伊賀の山中を走り伊勢湾の湊、白子に出る。白子湊から舟で知多半島の常滑か大野へ渡る。半島を徒歩で横断、半田の名刹・常楽寺へ。その近辺の湊（この伝承はない）から三河の大浜に渡り、陸路岡崎へ。以上の説が有力のようだ。

さて、どのルートを行っても文句はないのだが「伊賀越え」のような陸路ならともかく、海を渡る海路は行き当たりばったりではいけない。船の手配、天候も大切だ。それに家康一行はわずか三十四名とのことだがそのメンバーをみると、酒井忠次、石川数正、本多正信、本多忠勝、榊原康政、井伊直政、天野康景ら徳川家の重鎮ばかり、すべて大名クラスの武将だ。彼らが一人で行動するはずはない。身の回り、馬廻りなど少なくとも五人や六人の侍が傍にいる。もっといるかもしれない。従って一行は百数十人を下るまい。陸路は目立つ、実際に落ち武者狩りもあった。できるだけ早く船に乗り、海路岡崎へ急ぐ。それが賢明な判断だろう。百人を超えれば小型船なら何十艘もいる。そう簡単に船も船頭も調達できない。だから大型船が必要だ。伊勢湾なら佐治氏の大野水軍がいる。後に千賀志摩守となる豪族だ。この船に乗ってしまえば一安心。千賀領の篠島で潮待ちをして一気に三河湾を突っ切り岡崎へ向かう。

危険な陸路をウロウロせず水軍に守られて海路を往く。戦国武将ならこれが採るべきルートだろう。

◇関ケ原の戦の直前も家康は篠島にいた

天下分け目の関ケ原の戦い。家康の敵は石田三成軍ばかりではなかった。関ケ原に陣を引く寸前まで家康の悩みは奥州会津藩の上杉景勝の動向だった。家康が西に向かえば上杉が江戸を攻める。そんな心配が天下分け目の戦況に影響を及ぼしていた。

上杉は家康の動きを注視。家康は上杉の動向に神経を尖らせる。意外なところに関ヶ原の前哨戦があった。

慶長5年（1600）6月、関ヶ原の戦いの三ヶ月前のこと。三重・四日市まで進出していた家康は突然、踵《きびす》を返して篠島に渡った。この篠島で関ヶ原辺りの石田軍と奥州の上杉とを両睨みしていたのだ。

ある日、上杉に不穏な動きがあるとの知らせ。家康は江戸と美濃、どちらで戦があっても指揮のしやすい三州吉田（現豊橋）に移動しようとした。ところが天候が極めて悪く、東風が吹き荒れていた。篠島へ吹く東風は船を熊野灘へ追いやる危険な風だ。家康も軍勢も篠島から動けない。船が出せない。

この時の家康軍は五万一千八百人、むろん、全軍が篠島にいるわけではないが、大将の家康が孤島に立ち往生していると大軍の指揮はとれない。また、この隙に上杉軍が江戸に攻め込んで来ると一気に形勢が変わる。家康は焦《あせ》った。

「引き受けましょう」と千賀の船頭が言った。

伊勢湾の入口、紀伊半島から渥美半島までの海域は海の難所で、難破船が続出するところ。でも千賀は船を出した。

命がけの航海である。荒波の中、懸命の操船。そして家康の船は無事、渥美半島の中山の港に着いた。ここまで来れば三州吉田まで難なく行けるのである。

さて、大荒れの海峡から船が中山湊に着いたとき事件が起きた。家康が浜に降りた瞬間、波で船がぐらり。バランスを失った家康が浜辺の雑草地にスッテンコロリ。怪我はなかったが家康の袴にイバラの棘《とげ》がいっぱいくっついた。それ以来、家康の足や尻に棘を刺したのは恐れ多いと、「渥美中山の浜のイバラには棘がなくなった」という俚諺《りげん》が生まれた。

○

家康と知多半島の繋がりを史実や信頼に足る伝承をもとに書いた。

家康にとって知多半島は血縁的には母の故郷である。地縁的には幼い命を助けてくれた恩人が住む懐かしい故郷である。戦略的には度々の戦の際、何度も陣を敷き命運を託した土地である。そして、この半島には家康の創りあげた人脈や特権なども生きている。例えば、新吉原遊廓建設などという些末《さまつ》だが、なかなか難しい政策的案件の解決にも寄与したと睨んでいるのだ。

元吉原遊廓の誕生

さて話を吉原遊廓そのものに戻そう。

本論の核心は明暦3年（1657）に誕生した新吉原遊廓が誰の手によって、どうして造られたのかである。それを語るうえで元吉原遊廓の誕生を無視してしまってはいけない。元吉原誕生を書く。但し、従来はあまり語られていない視点も交えてみる。

◇元吉原には尾張出身者はみえない

江戸開府から十数年が経った慶長後期、大都市・江戸の街の形は出来上がった。

しかし、明確な都市計画なしで建設が進んだ創成期の江戸の町に、全国から様々な階層の人、様々な目的や思惑を持った人たちがどんどんと流入していた。

その有様は、

「見しは今　江戸繁盛ゆえ日本国の人あつまり家づくりなすによつて　三里四方は野も山も家をつくり　寸土のあきまなし」（『慶長見聞集』）

つまり、見渡す限りの野にも山にも家々が建てられ、隙間もないほどであったというのだ。それもそのはず、家康が入府する以前は、江戸城大手門付近に茅葺きの町屋が百軒あるかないかの土地だったとの記録。そこに家康の家来が八千人、さらにその数倍の職人や町人がどんどん来て住み着く。江戸は一気に数万人の都市になった。町に流入した殆どの人は、出身地も違えば生活習慣も文化も違う。まさに寄せ集めの新興都市そのものとなったのである。

幕府公認の遊廓が検討され始めたのも、ちょうどその頃、慶長の後期である。いわゆる「元吉原」の建設計画である。

遊廓創設の動機には大きく分けて三つの説がある。

まず一つの説。

建設労働者として集められた男たち。一旗あげようと全国から集まった浪人たち。単身赴任の武士たち。そんな男たちで溢れる江戸。その男たちを目当てに娼婦もまた近在近郊から集まって来た。

遊女屋ばかりでなく飯屋や宿屋にもそのての女を置くのが普通になっていた。また、道端で客を取る女も少なくない。川の畔、空き地、神社の片隅などなど。あちこちで無節操な商売をする娼婦たちに幕府も手を焼いていた。

これを取り締まるのは少数の役人では不可能。さらに、そんな低レベルの取り締りに公的戦闘要員である武士を派遣することはできない。そこで娼婦を一ヶ所に集めた花街を作り一元的に管理しようということになった。早い話が、私娼をなくし公娼を作り、一定のルールの下に置くのが目的。それが「元吉原」であるとする説だ。

もう一つは、人口が十五万人と急増した江戸の土地不足事情であるとする説。

前述のように所構わぬ建築は、武家も町人も混在して暮らす町となり江戸城を拡張する土地に町人の居住地があるなど不都合が多くあった。さらに各藩からの参勤の制度も検討され、武家屋敷の建築も急がれた。

幕府は新しい都市整備計画を立てた。一定の地所を城下に確保するため、古い寺社の移動、町屋の移転なども急いだ。その結果、あちこちに点在する遊女屋は追い立てられるように移動させられた。追い立てられた先で遊女屋は次々と仮の小屋などを借りて商売を続ける、そんな情況だった。（＝三田村鳶魚）

もともと土地の所有権は全て幕府にあった江戸時代、文句も言えない。そこで困り果てた傾城屋《けいせいや》（遊女屋など風俗業の総称で本書ではこの呼称に統一している）の主人たちが、移動しなくてよい公認の場所を認めてほしいと庄司甚内を代表者にして願い出たのが「元吉原」の起こりとする説である。

三つ目は、江戸が繁盛して、どんどん新興の遊女屋や風呂屋が増えてきて、市中で商売をしている古手の傾城屋、庄司甚内らの既得権益が犯され始めたので、甚内らが一計を案じたという説。

甚内が「際限なく遊女屋が増えると、古い者が衰退して新しい者が無制限に増える。新しい者は規則を守らない。これは傾城屋が禁止されていないからだ。傾城屋を一ヶ所に集めて、お互いに監視すれば犯罪の防止にもなり、世間のためになる」という理屈を考え、遊廓の建設を願い出た。（『異本洞房語園』など）

世間のために公娼制度を作る、が建前。新興勢力の進出を防ぎ、現在の傾城屋の利益を守り風俗営業権を独占したい、が本音だ。この甚内の提案に古手の傾城屋は賛同、吉原建設に進んだ。というもの。

どの説だとしても、ともあれ、「元吉原遊廓」は出来た。

場所は、現在の日本橋人形町の辺り。今はビルが建ち並ぶビジネス街だが、当時は江戸の外れ。海風が寒く、一面に葦が茂る寂れた一帯と思えば間違いはないだろう。

この湿地帯に建設されたのは、「二丁四方」（109《メートル》×109《メートル》）の街。六つに区画され、出入り口は大門一箇所。独立した公認の色街の誕生である。元和2年（1616）に工事開始。元和4年11月に開業している。

さて、誕生した元吉原遊廓だが尾張の人はみえない。南知多衆など影も見えない。

元吉原時代の町名を探すと、江戸町、角町、京町、柳町、大坂町、墨町が『花街漫録』や『異本洞房語園』にある。だが、ありそうな尾張町はない。町名は出身地の人たちが集まって暮らす町の俗称から出来るのが常だから、尾張の人は元吉原には少なくとも集団では暮らしていなかったことになる。

庄司甚内が元吉原の開祖だとして

◇疑いながら引用する『洞房語園』

吉原開基の祖は庄司甚内（後に甚右衛門＝変名・西田甚内）とされている。

甚内の出自は諸説あってよく分からない。知多半島の人という記述さえあった。

彼を吉原開基の祖とする根拠は、庄司又左衛門勝富が著した天明7年（1787）成立の『北女閭起原《ほくじょりょきげん》』か、享保5年（1720）『異本洞房語園《どうぼうごえん》』である。

庄司勝富は庄司甚内の子孫を名乗り、吉原の傾城屋（妓楼・西田屋）の主人である。つまり庄司甚内の子孫が百年前の自分自身の先祖のことを書いているわけだ。当然、数代前の当主の都合の悪いことは書かないし、書けば自分たちにも不都合が生じる。それにもまして相当の美化があっても当然だろう。

この『異本洞房語園』は吉原を具体的に記録した古い本でそれなりに貴重なのだが、時代背景が合わない箇所や全くの誤記もあって、吉原遊廓の原典とするには問題が多すぎるというのが近年の研究者の声のようだ。まして、「庄司甚内が幕府に遊廓許可を願い出たという請願三ヶ条や許可された時の五ヶ条などの内容は、勝富の創作である」（石崎芳男著『よしわら「吉原」——『洞房語園異本』をめぐって』）とまで指摘があるならば、ちょっと困ったことになる。吉原遊廓という公娼地設置のイロハが変わってしまうからだ。

但し、この本の他に纏まった参考文献がないのでこれに頼るしかないという一面もある。だから研究者は（筆者もそうだが）この本から事例を引用し、引用した事例を疑いながら、また引用するといった、へんちくりんなことを繰り返している。

庄司甚内の出自を勝富は、

「出所は相州小田原の者、父は北条家の御内に奉公の者也、天正十八年、小田原落去の砌、甚右衛門十五歳、折節病痾にかゝり、家頼の介抱により御当地へ罷越、柳町に所縁ありて居住しけるに、傾城屋に成下り、恥がはしく存けるが、一生父の名字を不レ明、別に出所を相知たる者有て、子孫に語り伝へし事ありといへども、甚右衛門が本意にたがふ故不レ書――（略）」

と書いている。

文面通りに読めば、秀吉、家康に滅ぼされた北条家の落ち武者が江戸に逃げて来て、恥ずかしながら傾城屋に成り下がり、先祖の名を汚さぬよう変名使い……、そして、吉原創設を幕府に願い出て許可された――、となるわけだ。

その前段には、甚内が品川鈴ケ森で家康に会って褒められたという話も挿入されている。

「慶長五年の秋、濃州関が原御雷動の時、甚右衛門、其頃は甚内といひけるが、鈴が森八幡宮の前に新に茶店を構へ、甲斐〲しき遊女八人を撰て、赤手拭を頂せ、朱市（艸冠《くさかむり》）をさせた――（略）」

――甚内は鈴ケ森で遊女屋を営んでいた。そこに家康が通りがかる。店では赤手拭に花飾りをさした遊女八人に接待をさせていた。そんな光景が家康の目に留まり、覚えめでたく…、の流れだ。

さらに、その二十五年後の元和元年、家康が鈴ヶ森での甚内を覚えていて、「あの時のキミガテテか…」と言ったとある。キミは遊女のことと、テテは主人のことと書くがそれも怪しいが、ともあれ「君があの時の遊女屋の主人かい」と言ったというのだ。二十五年前の道すがらの茶店の一コマを、江戸入府途上の大軍団の将である家康が覚えていて言葉にする…。思わず、「ほんまかいな！」と呟いてしまった。

また、遊廓許可の請願に行った際、「両上様御前で…」のことと書く。甚内が遊廓開設の請願に行ったら、家康と秀忠の二人の上様が揃って出て来て、彼と面談をした、ということだ。どう考えてもあり得ないことで、甚内は将軍にも直に会っているぞ、おれは特別な人物だぞ、の権威付け。それは、はったりだろう。

この部分だけ読んでも『洞房語園』に相当の違和感を誰もが感じるはずだ。

ただ、それはそれでいいし、ことさら反論しても詮無いことだ。まして、百年前の先祖の手柄話である。どうぞお大事に、で済ませておく。

また、庄司甚内は千賀家の稲生水軍の船手だったという説もある。これは後の章で紹介する。

元吉原閉鎖の本当の理由

◇江戸の町の誕生

「ここもかしこも汐入の茅原」（『岩淵夜話別集』）。江戸は見渡す限り葦が生える沼地だった。そして、「茅ぶきの家百ばかりも有かなし」（石川正西『聞見集』）。粗末な田舎家が百軒もあるかどうかの寂しい一帯だった。

徳川家康が江戸に入った天正18年（1590）のこの地方の様子である。

それから十三年。家康が征夷大将軍に就任した慶長8年（1603）から江戸の町は一変、一気に膨らんでいった。

江戸初期の人口の推移は、どの資料を信用してよいか分からないほど雑多でばらばらだが、大凡《おおよそ》を纏めると、慶長8年（1603）には十万人未満。元和年間（1615）には

二十万人超。寛永後期（1640）には三十万人超とみて大きな間違いはなさそうだ。なお、各資料はどれも曖昧な数字だが、十数年毎に人口は倍々と増加していることは共通していた。なお、人口の過半数は武士である。

江戸時代初頭はまだ戦国時代といえる。すべての考え方や生き方の基本は常在戦場である。武士は現役の戦闘員。つい十年ほど前までの戦国時代を生き抜いてきた男たちだ。思想も姿勢も荒っぽい。

家屋敷は城砦《じょうさい》の考え方で建てている。武家屋敷をぐるりと囲む塀には部屋を設《しつら》え、そこに下級武士が住んでいる。日夜通して守備をする態勢をとっているわけだ。長屋門、長屋塀といわれるものがそれだ。むろん弓矢、鉄砲などの武器は常備している。

道を往く侍たちは武家や浪人ともども腰には大小の刀を二本差し、鑓《やり》を肩にしているのだから、いつチャンバラが始まってもおかしくない。

そんな世相なのだから幕府の政治姿勢は言うに及ばずである。戦闘的、高圧的でないと戦国武士は抑えられない。道ばたのチャンバラならまだいいが、大名同士の衝突、戦の火の手がいつ上がっても不思議ではない時代である。幕府の政策はまだ安定途上の徳川政権の防衛。それに尽きるこの時代であった。

そんな時代の江戸。「茅ぶきの家百ばかり」の荒地に、続々と十万の人々が移住して来たのである。そこには全国各藩の武士もいるが、禄を失った浪人も多くいる。新都でひと儲けを狙う商人も来た。建設労務者として集められた近郷の農民も相当数いる。地方で喰いっぱぐれた連中も職を求めて集まって来ている。まさに、ごった煮状態の江戸市中だった。

江戸城の城下一帯はそれなりの都市計画が成されていた。しかし、城下を少し離れた町々には、武家屋敷と町家が混在したところもある。それは人口の急増を受け入れるだけの土地の余裕がなかったからだ。

新興都市、江戸に流入した様々な人。どんな人々にも住処がいる。ちゃんとした家屋敷もあるが、大方の人はそんなところに住めない。大雑把に言えば、通りに面した場所には武家屋敷や商家が建ち、その裏道に長屋が建っていて庶民の多くがここに住む。長屋に住めない人たちは、適当な空地を探し、粗末な小屋を建てて住んでいるのである。

その有様は、「見しは今　江戸繁盛ゆえ日本国の人あつまり家づくりなすによつて三里四方は野も山も家をつくり　寸土のあきまなし」の『慶長見聞集』の記述の通り、

　全国から集まった多くの人が空き地という空き地に家を造り、少しの隙間もない状態だったのだろう。また、江戸の町の大部分は海浜や湿地を埋め立てた土地である。下の図は家康入府以前の江戸。台地（陸地＝色の濃い部分）の先端が霞ヶ関、お茶の水、上野。ここまでが陸地。有楽町や錦糸町辺りはまだ海の中である。

　この狭い陸地に数十万の人が続々と移り住んで来たのである。

　当時の江戸の町の様子は多くの文献に描かれているので、今さら繰り返して書くこともなかろうが、端的な記載があったので、それを参考に

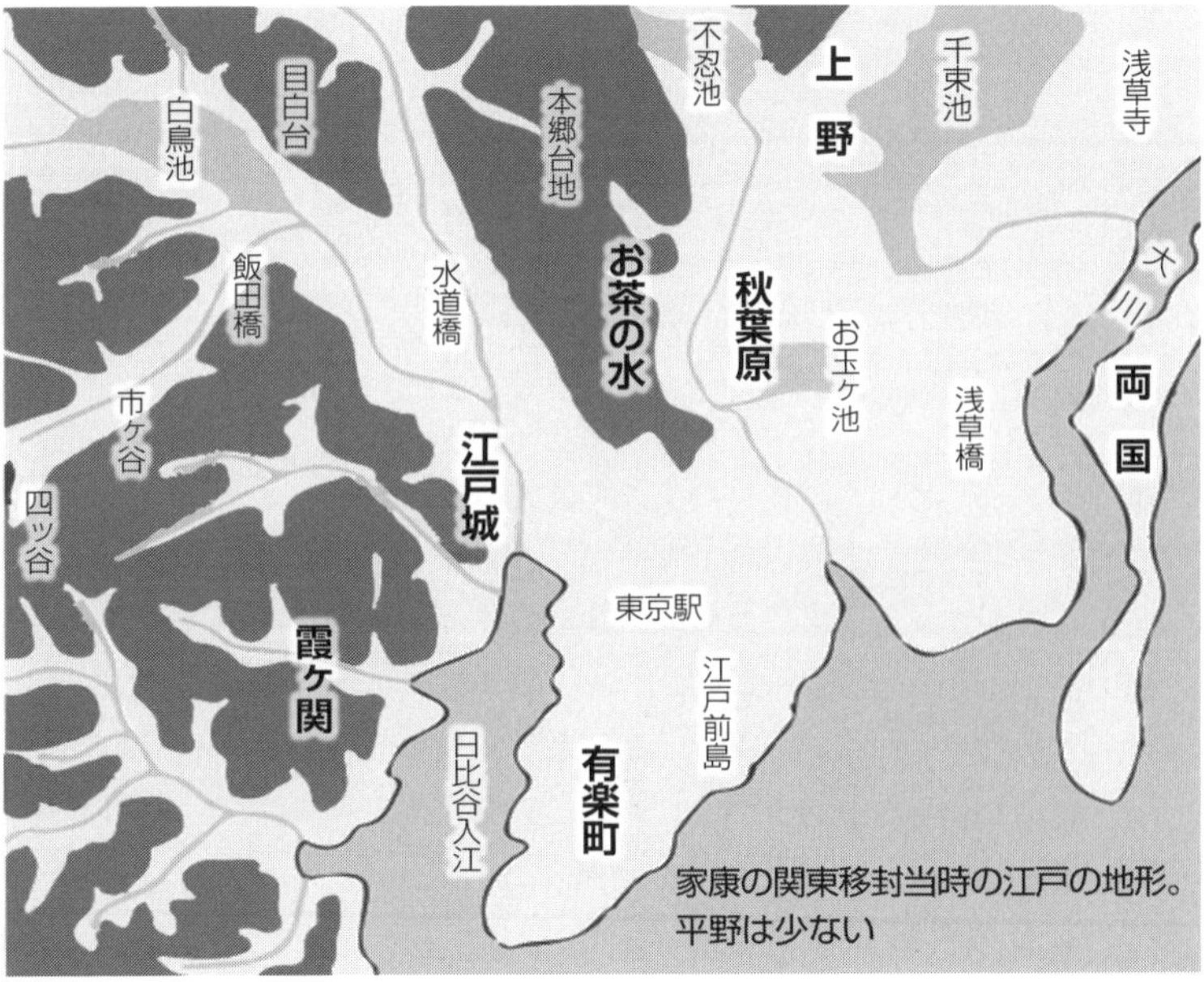

家康の関東移封当時の江戸の地形。平野は少ない

したい。それはスペイン人でフィリピン臨時総督のロドリゴ・デ・ビベロが、慶長14年（1609）に江戸を訪れた時の見聞記録だ。外国人だから先入観もなく、しがらみもなく、いたって明瞭だ。

◇外国人が見た慶長期の江戸の町

本論と関係のない部分もあるが慶長期の江戸を知るのに貴重なので長文だが引用する。蛇足だがこの年は家康が征夷大将軍になって六年後のこと。まさに初期の江戸の町そのものが以下の描写で知ることができる。大垣貴志郎監訳『日本見聞記　ロドリゴ・デ・ビベロ　１６０９年』からである。なお、本書、新吉原論と関係がある箇所に傍点をした。

この町（江戸）の人口は15万人である。海水は河口から町中に奥深く入り込み、水量豊かな川は町の中央を走っている。その川の大部分を小舟で往来できるが、帆船の航行はできない。多くの堀割がこの川につながっているので、物資の運搬は容易でその価格も安くなる。（略）

日本人はパンを食べず、果物も収穫量は少なくないが、常食品ではない。しかし、果物の質は世界一と言っても言い過ぎではないだろう。それに彼らは果物を少ししか買わないので、ほとんどただ同然の値となる。この町の随所には行政が充実している様子がうかがわれ、ローマ人の街路管理と比べても遜色がない。道路網は立派で、街路はどれも同じ道幅と長さに整備されており、スペインの道路事情より優れている。

家屋は木造で、中には二階建てもある。外観はスペインの家の方が優れているように見えるが、内部建築は日本の家の方が立派である。道路の清潔さは信じられない程だ。

住居は職業や階層によって市街門ではっきりと区別されている。ある区画には他の職業や人と混ざることなく大工職人だけが住み、またある別の区画に履物屋、そして鍛冶屋、商家となっている。つまり、様々な種類の職業と人が地区ごとに分かれて住んでいるのである。中にはヨーロッパで見かけない職種もあった。銀商人は金商人と異なる地区に定住する。同様に絹商人は他の商人と違う地区に住んでいる。このように異なる職業の人との同居はない。（略）

遊女のいる地区はやはり場末にあった。武士は離れた地区に居住しており、庶民や地位の釣り合わない人とは交流することがないようになっている。よく知られていることだが、彼らは屋敷の正門上部に塗りや金箔の家紋を置く。中には2万ドゥカド以上もする門構えもあった。（略）

それぞれの町には二つの門があり、一つは町への入口の門で、もう一つは出口となっている。（略）町の門は夕刻に閉鎖され、昼も夜も常に番兵が門を警護する。犯罪があった場合には、声や言葉を掛け合い、瞬時に町を閉鎖し、罪人を処罰するために監禁する。今私は将軍の城がある江戸の町について話しているが、地方でも同じ政治形態が適用されている。

「道路はすべて、同じ道幅と長さ」は、京の町のように碁盤状に区画されていたのだろう。

「同職のもので町が形成」は知られていること。

木戸番がすでに制度化されていて、「町の門は夕刻に閉鎖され、」に注目する。

「遊女のいる地区はやはり場末」。彼が見た遊女の町が「元吉原」だとすれば、日本橋人形町は場末だった。「場末」は地理的なものに加え、街の雰囲気を言うはずだ。人形町一帯は「悪所」の雰囲気があったと読める。

「武士は離れた地区に居住しており、庶民や地位の釣り合わない人とは交流することがないよう」は見過ごせない記述だ。幕府の基本姿勢はこれ。すなわち武士は戦闘員。城を守るために江戸に住んでいる。町人らと混在しては万一の戦闘時には邪魔になる。また、機密も保てない。国家権力を守るための構造。町造りの基本はこれなのである。

参勤交代制度が始まり、新しく江戸に住む大名の執務と居住のスペースが必要となった。いわゆる上屋敷、下屋敷と呼ばれる建物だ。この屋敷の大きさだが、ばかばかしいほど広い。

尾張藩をみると、市ケ谷上屋敷は六万坪、戸山下屋敷は八万五千坪、牛込屋敷も六万坪である。加賀前田藩の本郷上屋敷は十万坪超。これ以外にも屋敷は数ケ所ある。尾張や加賀のような大藩ではない中堅どころでも、西条藩四万坪、福岡藩二万一千坪、福井藩一万二千坪等など広大な屋敷を数ケ所持っている。

これらの屋敷は当初、江戸城を守るように城の周囲に建てられて屋敷町を構築。防衛上も武士の威厳を保つためにも意味があった。

やがて江戸入りする大名の数が増えるに従い、土地が不足、屋敷町の形を維持できなくなっていった。ビベロの言う、「武士は離れた地区に居住しており、庶民や地位の釣り合わない人とは交流することがない」という原則が壊れてしまうのである。だからどこにでも武家屋敷を造ればいいというものではない。

さらに大大名が広大な屋敷を幾つも持つあおりから、中小の旗本の住宅難は深刻となっていた。慶安4年（1651）頃には、住宅に困る旗本は約六百人もいたという記述もあった。つまり六百もの屋敷が緊急に必要だった。

端的に書けば、幕府は大名や旗本に屋敷を提供しなければならない。それも「庶民や地位の釣り合わない人とは交流することがないよう」な場所でなければいけない。それでなければ武家社会の掟が守れない。つまり幕府の威厳も保てない。それは統率力の低下にさえ影響しかねない。これはこれで、とても重要なことなのだ。

そこで幕府は、城下に近い寺社や町屋を郊外に移転させて武家屋敷建設のスペースを作ろうとした。そして元吉原遊廓を含む一帯が移転の対象になった――というのが、従来の定説である。

それも間違いではない。だが、元吉原はたったの二町四方。一万八千坪程度である。中堅の大名屋敷の一軒分。大騒ぎをして手に入れるほどの土地ではない。まして、傾城屋の追い立てなど幕府の声ひとつでどうにでもなる。接収の理由は別にあったのである。

もう少し時代の空気を読んでみる。すると、まったく違う風景が見えた。吉原移転の真の狙いは土地の確保などという単純なこと、矮小《わいしょう》なことではない。天下の治安維持という大きな問題だったのである。

江戸幕府転覆計画。浪人の叛乱

◇由比正雪の乱

慶安4年（1651）、幕府が腰を抜かす事件が勃発した。由比正雪《ゆいしょうせつ》らによる慶安の変である。

由比正雪の計画は次のようなものだった。

江戸では丸橋忠弥の指揮下、塩硝蔵《えんしょうぐら》下奉行・河原十郎兵衛の手引で江戸城北の丸の塩硝蔵（火薬庫）を爆破する。続いて各所に放火して江戸を混乱させ、急ぎ登城する幕府幹部を襲撃する。同時に、大坂と京都でも人を集めておき、騒動を起こす。大坂城と二条城を乗っ取る。一方、正雪は浪人を集めて東照宮のある駿河久能山を占拠して金銀を確保した上で駿府城を攻略する。江戸市中、街道の宿場を順次、焼き払った後

に駿府城に集合して正雪が東西に号令する。であった。

由比正雪の江戸幕府転覆計画は未遂に終わった。由比は潜伏先の駿河の宿で自刃し、江戸で叛乱を指揮した丸橋忠弥は捕縛《ほばく》され鈴ケ森の刑場で処刑された。磔《はりつけ》だった。叛乱は未然に防いだ幕府だったが、この慶安の変とよばれる事件は、幕臣たちを心底、震撼《しんかん》させた。

慶安の変を一口で言えば、大名家の取り潰しなど武断政治のあおりで禄を失った浪人が大量に生まれ、そんな幕府の政策に不満を持つ浪人たちの叛乱である。

家康から家光の時代だけで、八十を超す大名家が取り潰されている。理由は様々だが、端的に言えば敵性勢力になりそうな大名家に難くせをつけて排除する、といった乱暴なもの。領袖《りょうしゅう》である大名自身は仕方がないかもしれないが、家来たちは堪ったものではない。真面目に勤めているのに、突然解雇されて失業。浪人になり、生活に困った彼らの腹の中には、幕府への恨みが渦巻いていて当然だ。

由井正雪らの行動は、喰うや食わずの毎日を送る浪人たちにとって胸のすくものだったはず。槍の達人、丸橋忠弥らのスターも加担したことで、庶民にも事件は知れ渡った。庶民の拍手は弱い者に向けられる。この反体制擁護《ようご》の空気は幕府にとっては厄介千万。火消しに躍起になってゆくのであった。

◇連続する叛乱未遂事件

慶安の変は仲間の密告で何とか未然に防げたが、ほっとする間もなく、翌年の承応《じょうおう》元年（1652）9月、またもや軍学者・戸次《へつぎ》（別木）庄右衛門を首謀とする浪人たちが蜂起《ほうき》して騒擾《そうじょう》、幕府に迫ろうとする承応事件が発覚した。由井正雪の乱に触発されたものだ。これも密告があり未遂。首謀者は磔にされた。

この二つ目の事件は、三つ目、四つ目の勃発《ぼっぱつ》を予感させた。予感したのは幕臣ばかりではない。浪人や町人もそうだった。彼らの予感は、期待感にさえ変わろうとしていた。幕臣はそれに恐れを感じ、急ぎ対策を立て始めた。

翌10月には、江戸府内の浪人たちに、姓名、住所を届出させる「浪人改メ」を実施するが、そんなもので浪人の管理ができるわけはない。それどころか江戸に流入する無職、無宿の浪人たちは増える一方であった。仕官先を失い、不満や鬱憤《うっぷん》が溜まる浪人。職を求める浪人。現状の一変のため、叛乱を期待する浪人もいる。まるで血に飢えた狼の群れのような目をした浪人たちがぞろぞろと集まっていたのである。

政権に不満を持ち、いつ暴徒化するか分からない浪人たちがたむろする場所は、安宿や安酒のある雑駁《ざっぱく》な場所に決まっている。「悪所」と括《くく》られる所だ。そこには貧しい人たちも暮らしていて、やがてスラム化する。

華やかさと怠惰が混在する吉原遊廓も同様である。無頼の徒といわれる人も意味なく溜まり、荒廃した危険な空気が流れていたのである。

◈幡随院長兵衛事件も

町奴・幡随院《ばんずいいん》長兵衛と旗本奴・水野十郎左衛門との大喧嘩もこの時代を象徴する出来事である。

舞台は江戸下町の「悪所」。その悪所に大名になり損ねた旗本家の若い侍たちが暇を持て余してぶらついている。派手な身なりで狼藉《ろうぜき》を働く彼らは「旗本奴」と呼ばれていた。家格が高く小金も持つ連中だが幕府の中には居場所も仕事もない。その鬱憤《うっぷん》晴らしに街中に出て乱暴狼藉を重ねているのだ。

その様子を劇画風に書けば、葉巻をくわえ高級ブランドの服を身につけた良家の坊ちゃんが、外車を暴走させ、下町の貧乏人を追い回しキャッキャと笑って喜んでいる、といった場面なのだ。

追い回されている町人は、相手がお旗本、偉い武家様なので逆らえない。逆らうと「切り捨て御免」で殺されてしまうかもしれない。そんな町人の不満は聞くまでもない。

そこに現れたのが町奴である。

奴という職業は武家に仕えて小間使いや荷物持ちをする者で、その身分は下級武士であるような、ないような、ややこしい位置にある。奴と町奴の区別だが、奴が常勤なら町奴は臨時雇い、派遣雇いといったところだ。

戦乱期から平時に移った江戸初期は奴の需要も減り、職を失った奴が町々に多く見られるようになる。彼らは一団を組んだ。その頭領が幡随院長兵衛である。これが後の侠客組織、ヤクザ組織の始まりである。

町奴が乱暴狼藉の旗本奴に対抗した。権力者である旗本の横暴な振る舞いに義侠心溢れる庶民が抵抗する。弱者が強者に立ち向かう痛快さが受けて、町の人気は町奴に集まるのは当然であった。

旗本奴たちには幾つもの組があるが、水野十郎左衛門を筆頭とする「白柄組《しらつかぐみ》」が知られている。白柄組は、白柄の刀、白革の袴、白馬に乗るといったど派手なファッションの不良坊ちゃんグループだった。

その白柄組の旗本奴と幡随院の一党が度々揉《も》め事を起こしている。その揉め事の多くは長兵衛の機転や貫禄で治められ白柄組は分が悪い。町人の拍手喝采は長兵衛に集まる。それに怒った水野は長兵衛を殺してしまおうと自分の屋敷に呼び出すのだ。

敵である水野屋敷に呼ばれることは罠であることは誰でも分かる。

「行かないで！」と女房も子分たちも必死に長兵衛を止める。しかし長兵衛は、「身は一代、名は末代」と名台詞を残し水野屋敷へ。そして風呂場でだまし討ちに遭い、殺されてしまうのである。

講談や芝居で有名になったこの一幕だが史実も似たようなものだったのだろう。江戸の町は長兵衛人気が沸騰した。旗本奴憎しが、やがて権力憎し、幕府憎しに変わっていくのもまた当然の流れだ。

幕府はこの世相に危機感を抱いた。

この一件を冷静にみれば、暇を持て余す出来の悪い若い旗本と、この時代に初めて組織化され始めた町奴（侠客）の衝突。単なる、ならず者の喧嘩だ。そして、旗本が町人を斬った。

普通ならそう大きな問題になる事件ではない。武家に抵抗する町人を斬る行為は、「切り捨て御免」で通用する範囲だったろう。しかし幕府は、何と旗本を切腹させたのである。それも切腹させた水野は家系を辿れば家康の実母・於大の血筋、大雑把に言えば、時の将軍家光と又従兄弟《またいとこ》ともいえる家格の高い武家である。

そんな高級旗本を罰したことは、町人や浪人の不満を抑え、どこかにくすぶっている町の騒擾《そうじょう》を抑える苦肉の策としか考えられない。加えてこの処断は武家たちに対しては強い抑止力になったはずだ。街中で騒ぎを起こせば、「あの水野でさえ切腹させられた…」は階級を超えて罰するという強い信号となったことだろう。

幕府は何としても江戸の秩序を安定させたい。それは、この事件の顛末をみることで充分に推測できる。そして、「悪所の郊外隔離」、「吉原遊廓移転」の根底もここにあったのである。

これら、世の騒擾に発展しかねない事件は吉原遊廓内でも度々起こっている。

まず、始まりといえるのは寛永21年（1644）の大乱闘事件である。これは浪人四人と力士一人とが遊廓内で始めた喧嘩が発端であった。当初は部分的なトラブルだったのだろうが、野次馬も乱闘に加わり遊廓内が手が付けられないほど大混乱した。トラブルと直接関係のない人たちも悪のりして暴れ始めたわけだ。日ごろの鬱憤《うっぷん》が溜まっていたのか愉快犯かは別にして、そんな世情であったことは分かる。

喧嘩騒ぎそのものは吉原では珍しくなく、いつもは傾城屋の手で治められるのが常だったが、この時は抑えきれず奉行所に通報した。これを受け南町奉行・神尾元勝《かんおもとかつ》が大勢の同心と捕り方を率いて来て乱闘騒ぎはすぐに鎮圧された。

ここで注目すべきは浪人四人と力士に対する処分である。五人は何と死罪となっている。遊廓内での喧嘩で死罪。罪状の多少は判断できないが奉行所が乱闘騒ぎに対し相当に神経質になっていたことは推測できる。

さらに、この時期の吉原は既に傾城屋自身の力では喧嘩騒ぎすら治められなくなっていたようだ。奉行所の吉原に対する治安維持の信頼が失われ、元吉原の解体が検討され始めたのはこの事件からとも思える。

吉原遊廓移転計画

◇「悪所」一掃作戦

明暦2年（1656）の秋口になり江戸の町にボヤが数件連続して起きた。家屋四十数軒を焼く火事もあった。由比正雪の謀略は市街地に放火して混乱を起こし、それに乗じて江戸城に攻め入ろうとするものであった。火災を見るたび幕臣たちは由比の乱を彷彿《ほうふつ》するのであった。

この明暦年間、幕府の江戸町方が出す「御触留」を『撰要永久録《せんようえいきゅうろく》』でみると、

「江戸中所〃家ニ火を付る輩あらは申し出し　縦同類たりといふでも其咎を許し御れうひとして　此金参拾枚被下…」

（放火犯をみつけて届け出よ。届出人がたとえ放火の共犯者であってもそれは許し、さらに金三十両の報奨金を出す）

というものが目に付く。

これらは防火防災というより火付け犯の密告を形振《なりふ》りかまわずに奨励するお触れだ。謀反、叛乱の予防策そのものである。それにしても密告の報酬が凄い。四人家族の一ケ月の生活費が一両ほどの頃、「金参拾枚（三十両）」だ。年収の三倍近い褒美だ。それも、「たとえ、同類（共犯者）でも罪を許し」である。幕府の必死さがよく分かる。

幕府は急いだ。体制に逆らう連中は、まとめて遠くへ追放するのが一番。それには「悪所」ごと遠くへ追いやれ、とばかりに元吉原遊廓の郊外移転を急いだのである。

結果から見てみる。

吉原の移転と同時に、日本橋の北一帯に散在している「芝居小屋」なども浅草・鳥越辺りに移転させられている。さらにその近辺にある「風呂屋（湯女のいる浮世風呂）」は翌年にすっかり廃業させられている。つまり、日本橋人形町一帯にあった「悪所」と、そこに溜まっていた「不穏浪人」や「かぶき者」（世間が常識とするルールやマナーから外れた言動をする人、身なりなども派手な人をこう呼んだ）は一斉に江戸郊外に追いやられている。

幕府の政策は一応の成功をみたのである。

そしていよいよ新吉原遊廓の移転の具体化である。

繰り返すが、遊女を商品にして商売をする店を「妓楼《ぎろう》」、「茶屋《ちゃや》」、「見世《みせ》」などと呼んでいるが、本書は、「傾城屋《けいせいや》」で統一している。

また、一口に傾城屋とくくるが、元吉原の頃から江戸末期まで、時代は二百七十年の時間差がある。その時代その時代で傾城屋の営業形態も内容も仕来《しきた》りも、常に変化している。そのことはご承知願いたい。つまり、明暦期の遊廓と幕末期の遊廓を同列で論じられないということである。さらに言うが、本書は明暦年間、新吉原が誕生した頃から元禄の頃の吉原を述べている。その二百年後の吉原の物差《ものさし》を持ち出されて違いを指摘されても困ってしまうのだ。

◇新吉原は浅草田圃に

さて、この頃の江戸北町奉行は石谷貞清《いしがやさだきよ》（左近将監）であった。慶安4年の由井正雪の乱の年に就任したばかりで五十八歳。年齢だけでなくそのキャリアからみても、かなりのベテラン官僚である。

江戸初期のこの時代は政治手法の転換期の最中。武力を強圧的背景にする武断政治から、法制で社会秩序を保とうとする文治政治への移行中である。そこで二つの政治体制を知る石谷貞清に白羽の矢が立ったのだろう。江戸の治安を守る町奉行へ酸《す》いも甘いも知る超ベテランの起用。幕府の思いが感じられる人事だ。そしてこの石谷が新吉原の開基に深く関わるのである。

戦乱から平時になった。戦争がなくなった。戦闘員がいらなくなった。だから戦乱期には重用された武術に長けた腕力の強い武士の需要は激減した。そして、そんなタイプの武士はどんどん解雇され、浪人になる。彼らは職を求めて新しく誕生した大都会、江戸に集まって来ているのだ。

石谷は、そんな政治の転換の犠牲になった浪人たちに同情的で、千人もの浪人の就職を斡旋《あっせん》している。更には、自身の禄で浪人を召し抱えたという逸話もある。また、非人など賤民階層の人にも理解があり、保護政策も幾つかみられる。明暦の大火の時、伝馬町牢屋敷の囚人を解放した時の奉行も彼である。

また石谷は「島原の乱」の際の幕府軍の目付であった。島原の乱はキリシタン弾圧に対する宗教戦争と捉《とら》えられているが、実は零細農民の一揆的叛乱、禄を失った浪人の反乱の一面が大きい。大苦戦した制圧軍の将として彼は、圧政に耐えかねた民の反発力の強さを実感し、下層の人たちへの政策に目配せできるようになったのだとみる。

　このようなリベラルな一面を持つ官僚が北町奉行に就いたことは、吉原にとっては幸運だった。移転に際しての意外とも思える好条件もそうかもしれないが、加えて町奉行の支配下に非人組織がある。次の章で詳しく書くが、石谷が非人頭・車善七へ吉原建設への協力を命じてくれたことも大きい。また、石谷は河川の普請の指揮も多く経験している。その経験も後で効いてくる。


明暦2年（1656）10月9日。石谷北町奉行は元吉原の名主を集め、移転を命じた。一万五百両の補償金付きである。この金額が高いのか安いのかは分からないが、注目すべきは、幕府が大金を出し、さらには傾城屋が喜ぶ条件を幾つも提示していることである。見ようによれば、お上が、たかが傾城屋に頭を下げていることにもなる。

ともかく幕府は吉原遊廓の移転を急いでいた。

指定された移転先は本所《ほんじょ》か浅草田圃《たんぼ》であった。

本所は現在の本所とは似ても似つかぬ辺鄙《へんぴ》な土地である。隅田川に橋のない時代。その川幅も今の四、五倍。その川の遠く向うの一面の荒れ地が本所だった。

一方の浅草田圃は、浅草寺のずっと裏手で日本堤の中ほど。田圃というと田畑を連想するがこの田圃は沼地や荒れ地のこと。東側は大川、西側は千束池で周囲は一面の湿地帯である。

双方とも江戸市中から随分と遠い江戸の外れの外れ。遊廓などまったく似合わぬ場所だ。本所の指定地も浅草田圃の指定地も、隅田川、大川、千束池、江戸湾が四方を塞いでいて江戸から隔離されているようにみえる。よくもこんな陸の孤島のような所を選んだものだ。選んだ理由は先に書いた悪所の追放。遠くて辺鄙《へんぴ》な場所が選ばれて当然なのである。

但し、この二ケ所の移転候補地を選定したのは幕府ではない。土御門《つちみかど》家ら陰陽師である。このような新施設の土地や戦略上の場所の選定は陰陽師の重要な仕事だ。そのために江戸に詰めていると言ってもいい。

陰陽師については別に詳しく書くが家康の江戸開府に関する様々な普請や政策に緊密に関わっていたのが陰陽師宗家の土御門久脩《ひさなが》である。新吉原開基の明暦の頃は久脩の子、土御門泰重《やすしげ》が務めていた。

移転候補地の選定だが、白紙の状態から陰陽師が候補地を占い出したのではなく、まず奉行所が数箇所の予定地をピックアップして陰陽師にみせ、その中から易に適《かな》ったものを選び出したのだろう。

土御門は吉原の移転先を占った。それは遊廓が繁盛する場所の探索ではない。不穏な動き、叛乱の恐れのある浪人たちと、彼らが、たむろする街をどこに移転させるかである。

陰陽五行《いんようごぎょう》（自然界のあらゆるものを陰と陽に分けて思考する陰陽道の思想）は結論を出した。

移転先は江戸城からみて、艮《うしとら》（丑寅）の方角。すなわち鬼門《きもん》。ここは浅草寺《せんそうじ》のある方角である。浅草田圃も本所もその鬼門の方角にある。土御門の託宣《たくせん》は、「本所か浅草田圃がよろしい」だったのである。

二者択一を迫られた元吉原の名主たちは浅草田圃を選んだ。

土御門泰重は山谷堀の土手（日本堤）に柳を一本植えて結界《けっかい》をつくり、厄払いの祭祀を行った。穢《けが》れのあるもの（遊廓や悪所）を穢れの方角（鬼門）に置く際は陰陽道ではこのようにするという。

遊廓は遊びの移《うつ》ろい。また、今の世に反発する浪人の心の移ろい。その落ち着かぬ心の隙間を埋めるのが陰陽道の「空率《ウツロヰ》」「空埋《ウツロヰ》」の念力という。

この柳の木を社《やしろ》として悪鬼を防ぐのである。これも陰陽道の極意であるというのだ。

柳が植えられた場所は日本堤から五十間道に入る辺りであった。後年、この吉原の柳を、遊廓での遊びに後髪を引かれる思いの「見返り柳」とされたのもなかなか粋で悪くはないが、柳の本当の由縁は陰陽道にあったのである。

したがって、この柳は「見返り柳」ではなく、実は「陰陽道柳」なのである。

見返り柳＝図の左上。柳を社として鬼を防ぐ陰陽道の呪法の名残り。　曲がる道が五十間道、右が大門

◇吉原移転に幕府が示した条件

さて、吉原に提示された移転の条件は、『北女閭起原』や『吉原大全』にあるので、それを読み砕いて書く。

一、今の吉原は二町四方の広さだが、移転先は三町にする。五割増しである。
一、今は昼だけの営業だが、夜間の営業を認める。
一、御引料（立退き補償金）として金一万五百両を出す。
一、江戸市中にある二百軒の風呂屋を取り潰し、そこに働く遊女を吉原に譲渡する。
一、山王神田の御祭礼の町役ならびに火事の際の消火作業への参加の義務も免除する。

そして、御引料は十一月二十七日に支払う。引越しは来年三月中にすること。などが書かれている。

町の面積の五割増しはありがたい（種々の文献には揃って〝五割増し〟と書いてあるのであえて看過するが、二町四方が三町四方になると、その面積は五割増しではない。掛け算すればすぐ答が出るが倍増を超える）。補償金もありがたい。競争相手の風呂屋の取り潰しもありがたい。

そして、夜間営業の許可もありがたい。

特に、この風呂屋は「湯女《ゆな》風呂」を指し、昼は湯女が背中を流し、夕刻になると湯女が客の接待をする実質は遊女業。吉原より安価なこともあり繁盛し、吉原を衰退させたとまで言われたものだ。だから非常にありがたい。まして遊女を（無償か安価で）払い下げてくれるということは遊女を育てる費用がいらないので、これは大歓迎だ。

傾城屋にとって大歓迎の湯女風呂取り潰しだが、幕府の目的は吉原の傾城屋の利益のためでなく、風呂屋が不穏浪人の溜まり場になっていたこと、火を使う風呂屋を防火のために無くしたいという意図であったことは明白だ。

夜間営業についてだが、ビベロの『日本見聞記』に描かれたように、「町の門は夕刻に閉鎖され、昼も夜も常に番兵が門を警護」して、夜などとても自由に歩けない江戸の町だったわけだ。さらに三田村鳶魚《えんぎょ》は、「武士の門限というものは非常に厳格なもので、外泊は勿論、門限を過ぎた夜中に巷を徘徊《はいかい》することなどあり得ない」とさえ言う。

だとすれば、私たちが観念的に思っている、「夜は竜宮のごとし」の吉原は、ずっと後年のことになる。この時代の夜の吉原は寂しいものだったとしなければ、ビベロも鳶魚も嘘を書いたことになってしまう。

幕府の狙いはこうだった。

夜間にうろうろする（出来る）怪しい輩は、遠い吉原に集めておいた方が監視しやすい、という警察的視点の夜間営業許可だった。監視下にある悪所に、悪い奴ら、お上に都合の悪い奴らを固めておいて、必要なら一網打尽にする、その伏線なのだ——、と言うと、ヘソが曲がりすぎているだろうか。

◈傾城屋は町方組織から排除、追放

条件の最後に、「山王神田の御祭礼の町役ならび火事の際の消火作業への参加の義務も免除する」があった。

これは、町役、祭礼、消防などの活動に参加しなくてよろしい（してはいけない）。すなわち市民の権利や義務の停止、町方組織からの排除である。つまり平民からそれ以下の階層に降格させたことに他ならない。ずばり、市民権の剥奪である。

この時点で傾城屋は平民（一般市民）ではなくなったのである。これにて遊女を扱う傾城屋は「亡八《ぼうはち》」、「くつわ亡八」と呼ばれ、賤民階級の中に押し込まれてしまったのである。

亡八とは、仁・義・礼・智・信・忠・孝・悌の八徳を失った者とされ、直接的には遊女屋の主人や従業員を指す差別用語である。この階級にされたことにより傾城屋はいくら裕福になっても子女の婚姻相手を平民に求めることもできなくなるなど、今後は理不尽な差別に縛られて生きるしかなくなった。

傾城屋の社会的な身分階層をあえて落とした。これは幕府が考えた吉原移転の重要なキーワードの一つである。それは武家社会と町人社会との分断。さらに元吉原の傾城屋の中に豊臣の残党など武家階級のものがいた。彼らを排除する狙い。それは後の章で詳しく書く。

ともあれ吉原の名主はこれらの条件に「ありがたく」従い、浅草田圃への移転を承知した。そして、11月29日には蔵前の米蔵で立ち退き料といえる補償金も受け取った。

いよいよ移転の準備である。

明暦の大火。非人と非人頭・車善七

明暦の大火、十万人の焼死体

年が変わり明暦3年（1657）1月18日、江戸の町の六割を焼き尽くす大火災が起きた。歴史的大災害であった。

同日午後二時頃、本郷丸山付近から出火。火は北西の強風にあおられて駿河台、日本橋、霊岸島から佃島・石川島まで延焼。さらに、京橋から浅草橋へも延焼。隅田川を越えた火は、深川、牛島へも飛び火した。

翌19日の朝、鎮火したかに見えた。

しかし、午前、伝通院近くから再び出火した。火は飯田橋から竹橋に広がり、正午過ぎには江戸城本丸に燃え移り、そして天守閣が音を立てて焼け落ちた。

さらに夕刻。強い西風が吹き始め、京橋、新橋方面へ延焼。同日夕刻、麹町付近からも出火、江戸城南側に延焼。芝増上寺の半分を焼いた。20日朝、ようやく鎮火した。

鎮火の翌々日には一転、吹雪となる。焼け出され外で寝る被災者に凍死者も出たという。

死者は正確には不明。『むさしあぶみ』、『本所回向院記』によれば十万人超。『上杉年譜』では三万七千人。『元延実録』では六万八千人とのこと。

当時の江戸の人口は三十万人強。死者が仮に十万人とすれば人口の三割もの人が焼死したということだ。

最初に火災が発生したのは18日午後二時、延焼が拡大したのは翌日の午前中。いずれ

明暦の大火の惨状　『むさしあぶみ』より

も真っ昼間のこと。陽も高ければ逃げる時間もたっぷりあった。にもかかわらず人口の三割もの人が焼死したのは狭い路地とそれぞれの町々を遮断するように設けられている各町の二つの門が逃げ惑う人々の行くてを阻《はば》んだからだろう。他に考えようがない。人々の治安を守るはずの門が人々の命を奪った。皮肉なことだ。

1月24日、幕府家老の保科正之《ほしなまさゆき》は市中を視察。街のあちらこちらに積み上げられ放置されている焼死体の山を見て、早急な埋葬を町奉行に命じた。

用意された埋葬場所は本所の牛島新田であった。そこは吉原遊廓のもう一つの移転候補地だった所である。その地への搬送、埋葬を命じた。作業を命じられたのは非人頭の車善七《くるまぜんひち》。善七は手下の非人たちを総動員。数万の焼死体を本所牛島に運び込む仕事にかかった。

善七の一統は、江戸市中から焼死体を集め始めた。

ある者は菰《こも》に包まれた屍体を背負って歩く。ある者は数体の屍体をモッコに入れて二人で駕籠を担ぐように進む。まだ大八車がない時代である。焼け野原の江戸の町を非人たちが黙々と屍体を運び続けたのである。

行き先の本所は隅田川の向う岸。橋はない。ここは、小舟に乗せて向こう岸へ運ぶ。向こう岸に着くと舟から屍体を運び上げる。牛島新田の荒れ野には別の非人の一団が大きな穴を掘って待っている。そこに屍体を放り込む。

このとき埋葬された焼死体は男女十万八千余人との記述がある。但し、回向院の過去帳には二万余人。実際は五万人前後だったようだ。それにしても凄い数だ。

法事は増上寺の方丈、遵譽貴屋《じゅんよきおく》に命じられた。その後、この地に貴屋を初代住職として回向院を開創。無縁の人のために「万人塚」を建て死者の霊を弔った。

回向院はその後、無縁の刑死者、牢死者、

回向院「万人塚」。今でいう無縁墓。泣く人、祈る人が。『むさしあぶみ』より

行路死者、大地震の死者などを弔う寺院として知られるようになる。いわばマイノリティーやアウトローの大寺院となるのである。怪盗・鼠小僧《ねずみこぞう》次郎吉の墓があるのもその縁だろう。さらに神事として相撲が行われ、これが勧進相撲の定場所になった。いわゆる「回向院相撲」である。その縁でここは「江戸勧進相撲発祥の地」とされ、後年、『横綱力士碑』も建立された。

◇非人とされる人とその役目

さて、焼死体処理で突然に出てきた非人頭と非人について説明しないと話は進まない。これについては身分制度や同和問題、人権問題という難しい問題を孕《はら》むが、妙な遠慮はせずに本論は進めたい。但し、筆者は身分制度や人権問題の研究者ではないし格別な知見もない。だから以降の記述は筆者個人の感性のみで書いていることをおことわりしておく。

明暦の大火後の死体の処理や埋葬をさせられているのは非人といわれる人たちだ。非人とは実に嫌な言葉で心が痛むが言い換えはしない。また、させられていると、あえて幼稚な傍点を打った。そうしないと非人といわれる人そのものの人格を誤解する困った人がいると思ったからだ。

一点だけ明解にしておきたい。

非人とされた人の全てがごく普通の一般の人間である。それを為政者や権力者が勝手に一方的に彼らの身分を卑しいものと決めてしまったのだ。

もっと分かりやすく言う。

権力者が自分の意に添わない人を指で指して、「お前は今日から人間じゃない」と宣告、人としての身分や権利、さらに尊厳を取り上げたのだ。例えば、家を出て浮浪・無宿になれば非人。近親相姦の罪に問われれば非人。心中を失敗して生きていれば非人。容姿が変わる病気を患えば非人。さらには非人の家に生まれれば非人である。そのように非人と決められた人は抗《あらが》う手段もなく、生きるために黙って従うしかなかった。ただ単にそれだけのことである。

――吉原に関すること。吉原の傾城屋は「亡八《ぼうはち》」と区分され平民扱いされていない。賤民階級に区分されている。だから吉原で生まれた者は全員がそのように差別される。だから吉原から外の社会へ出たら普通の人のような暮らしは困難だった。但し、遊女は平民とされていた。したがって年季が明けたり、身請けをされたりして吉原から外へ出ると普通の人として暮らせた。ある非人が女の子を産んだ。その子は非人小屋で育てずに吉原遊廓の中に捨てた。つまり遊女にはなるが平民階級を得られるという親心である。

訳が分からないほどばかばかしい話だが、この時代はともあれそうであった。

非人については多くの研究書がある。今も筆者の机の上に十数冊も積んであるが、妙に婉曲《えんきょく》なもの、さらに難解なものが多く、引用しにくい。本書は、これらの問題をストレートに書いていると感じる塩見鮮一郎氏の著書の数冊を主に参考にしている。

非人とよばれる人の生きる手段は、「乞食に限る。米銭を乞う、物品を拾って暮らすことだけしか許されない」という。さらに非人には、「生産と商いは原則として禁じられている」という。だから非人は、物を作って売ったり、労働して対価を得たりしてはならないというのだ。したがって定まった勤務や仕事はできない。

また、髪型も特殊で普通の髷《まげ》ではない。だから、非人は身なりだけでなく髪型を見れば直ぐに分かる。働くどころか外見からも完璧に差別されていたわけだ。

労働や商売はいけないが「御公儀御用」だけは別だ。

非人の重要な仕事の一つに「牢屋人足」がある。牢屋の掃除や刑場での下働きである。刑死した死体や不浄物の処理などである。誰もが嫌がる仕事が彼らに廻って来ているわけだ。むろん御公儀御用だ。

例えば、町奉行がお白洲で罪人を裁く。「打ち首、獄門に処す！」とのお裁きである。「引っ立てっ！」と与力や同心が言う。ここまでは権力の威厳。恰好もよろしい。だが、ここから非人たちの出番である。偉い役人がやりたくない汚い仕事が連続するからだ。

非人たちの仕事が次である。

受刑者を刑場へ引っ立てる。嫌がる人を押さえ付ける。

首切り役人の刀が一閃！

ドサッ。

目の前で首が落ちる。落ちた首を拾う。首のない死体を運び土葬などの処分をする。拾った首はさらし台まで運び、さらし首にする。

磔《はりつけ》の刑で、はり付けられた生きた人間に槍を突き刺すのも非人の仕事だ。『守貞謾稿』には「受刑者を押さえ付ける役が非人。槍を突くのは穢多《えた》」と書いてあったがどのみち似たようなものだ。

磔では、懲《こ》らしめ見せしめのために一気には殺さない。わざと急所を外し生殺しにするのだ。まずは脇の下や脇腹に槍を突き刺す。

グァ～ッ、グァ～ッ～

苦悶の呻《うめ》き声が刑場に響き渡る。

その作業も非人。――そんな仕事をする（させられている）のである。

本来は奉行所の役人がしなければいけない仕事。だが、役人である彼らは嫌な仕事、汚い仕事はしない。非人に命ずるのだ。ならば非人は国家公務員のはずだが、待遇は極めて悪い。それどころか人間としての身分すらない。だが、不浄の仕事は日常的にある。

◇非人頭・車善七

非人頭は、非人を統轄し、組織的に彼らの業務と生活を監視、管理する頭《かしら》である。

江戸には当時、四人の非人頭がいた。最大勢力は江戸の七割を支配する車善七（配下

の非人数・三九四六人)。他、品川松右衛門(同・九八四人)、深川善三郎(同・四四一人)、代々木久兵衛(同・二七二人)である。

善七以外のそれぞれの名字は担当する地域を示している。また、括弧内の配下の非人数は江戸後期の記録(=中尾健次氏)だから明暦期とイコールではないが、江戸時代を通し大凡《おおよそ》はこの勢力だったようだ。

彼ら頭《かしら》たちは配下の非人たちに乞食(物拾い)の縄張りを割り振り、非人たちはその場所で安定した収入(注・毎日の物乞い収入はすべて非人頭に集められる)を得る。そして頭は「非人小屋」「コジキ小屋」といわれる宿舎と食事を彼らに提供する。これら頭の管理監督下で生きる人を「抱非人《かかえひにん》」と呼ぶ。

抱非人たちは善七ら「オカシラ」の配下にさえいれば最低限の衣食住は保証される。お上の方はこの制度を認めることで、町の浮浪者の取締りという面倒な業務を非人頭に丸投げできる。そんな上手なシステムなのである。また、ビベロが『日本見聞記』で書いた、「(江戸の町の)道路の清潔さは信じられない程だ」は一日中、街路のゴミを拾い歩く非人たちの仕事の副産物だろう。

非人頭のもう一つの仕事は、頭の管理下にない「野非人《のびにん》」といわれる人を江戸の町から追い払う。あるいは、捕まえて自らの統轄下に収めることだ。

「野非人」とは、江戸に流入する浮浪、無宿の人たちを言う。つまり江戸町内に決まった住居がない人はすべて非人としているわけだ。実にばかばかしくも分かりいい決まりだ。善七ら非人頭は大忙しだったろう。

急発展中の江戸初期の街。そんな浮浪の人の流入は激しく、治安の悪化にも繋がっていた。それを防ぐ、まるで防犯警察のような役目も非人頭はしていたことになる。

また、非人頭を支配する立場（各論があるようだが）に、長吏頭《ちょうしがしら》とも穢多頭《えたがしら》ともいわれる矢野弾左衛門《だんざえもん》という男の存在があること、さらには穢多と非人とは異なる身分制度だという論説も知らないわけではないが、本書では話が煩雑《はんざつ》になるのであえて書いていない。

ここで抑えておきたいのは、車善七らが非人たちを勝手に組織しているのではないということだ。「御公儀御用」を受けているように、非人の組織は公認のもの。善七はお上から命じられて「非人管理」の業務に就き、役人がやりたくない不浄な仕事を役人に代わって担当しているわけだ。しかし彼らの身分は最下層の非人に分類される。善七本人の身分も同様である。

◇浪人が辻芸人に。「乞胸」の誕生

賤民階級など不条理で非人道的な身分制度は鎌倉時代に作られ明治4年（1871）の身分制の解放令により制度が廃止されるまで延々と続いていたのだが、少し例外的なのは「乞胸《ごうむね》」である。彼らだけは非人階層ではない。

元吉原のあった日本橋界隈は遊廓や芝居小屋に加え、安宿や安酒を売る店が雑多に軒を並べるいわゆる「悪所」であった。そこには禄を失った浪人が全国から集まり不穏な空気があった。浪人は武家屋敷や寺社に逗留することを禁止されていたので安宿に棲むしかなかった。その安宿だってタダではない。長く居続けることはできない。宿もなくなり食えなくなった浪人は無頼化し犯罪に走る。当然である。「悪所」はさらに悪化していくのである。

この頃、武士の身分を捨てて町人になった人も多い。しかし、町人にもなれない悪人にもなれない浪人も多くいた。彼らは市井の底辺の町人たちの暮らす貧乏長屋に住むことになる。江戸の町人の大部分が住む九尺二間（間口が九尺＝約2・7m、奥行が二間＝約3・6m。土間や台所も含み6畳程度の広さ）の裏長屋がそれだ。映画などで浪人が長屋で暮らすシーンをよく観るが、あんなきれいな恰好をしているわけはない。着物はボロボロ、髪は伸び放題だったろう。だが彼ら浪人たちは武士である。その身分とプライドだけは捨てなかった。プライドはあるが銭はない。武士だって腹は減る。そこで日銭を稼ぐために街頭で唄を歌ったり、芸を見せたりして小銭を稼ぐ人が出始めた。小唄、物真似、軽業など武家時代に習得した武芸や趣味で身につけた寸芸を見せて銭を貰うのだ。

一番分かりやすい例が「ガマの油売り」。「サァサァ、お立ち会い、ご用とお急ぎでない方はゆっくりとお聞きなさい〜」で始まり、名刀と称する真剣で紙を「一枚が二枚、二枚が四枚〜」と切って見せ、その名刀に、「ガマの油をちょいと塗れば〜、押しても引いても切れなくなる〜」などの口上でガマの油を切り傷・痛み止めの妙薬として売るお馴染みのそれである。彼らは武士だから刀を持つ、それを使うのはお手のものだ。ショー的な面白さも受けて、そこそこ商売になった。

ところが大問題。こんな大道芸・辻芸は乞食（非人）の商売。非人頭のテリトリーである。ここを侵害されては非人頭は黙っていない。奉行所に恐れながらと訴え出た。「大道で日銭稼ぎをするのなら非人になって非人頭の配下に入れ」との訴えだ。

奉行所は困惑した。確かに辻商売は非人のもの。武士たる者のやることではない。

しかし彼から禄を取り上げ浪人にした負い目も幕府にはある。また、食えなくなった浪人が不穏分子化する心配もある。さらには当時の社会秩序の根幹である身分制度は壊せない。

そこで奉行（石谷貞清だろう）は頭の良い解決策を考え出した。辻芸で食べる浪人の中から長嶋礒右衛門《いそえもん》を選出、彼を頭とする辻芸人管理団体を作った。それを「乞胸《ごうむね》」と名付けて車善七の支配下に置いた。但し「乞胸」の身分は非人ではなく町人とした。浪人といえど武士の彼らに非人になれとは間違っても言えない。それこそ腹を切って抗議されるか、暴徒化するに違いない。奉行の判断は浪人たちには辻芸での収入と町人身分を保証。善七には「乞胸」を支配下に置き、他の非人たちと利益が競合しないようにして納得させたのだ。そして奉行（幕府）にとって何よりの利益は乞胸という浪人集団を非人頭に統轄させたことである。面倒なもの、危ないものは非人頭に押しつける。後で書くが善七の小屋を吉原遊廓にくっつけて造ったのもそれである。

◇屍体の埋葬が終われば瓦礫の片付け

さて、明暦の大火の後片付けの話に戻る。

不浄な仕事は非人の仕事。だから、明暦の大火の後、夥しい数の焼死体の処理は当然のように非人頭に下命された。善七の配下は数千人。それだけの大人数がいても五〜六万もの焼死体を埋葬するのに一ケ月以上かかっている。大方が終ったのは、同年2月29日のことであった。

死体の処理、埋葬が終っても車善七ら非人組の仕事は終らない。今度は町のゴミ掃除が命じられた。

江戸の町の六割が焼けた大火の跡である。町中が瓦礫《がれき》だらけだ。上水道は瓦礫で詰まり、小川などにも瓦礫やゴミが大量に流入。ひどい状態になっている。家を建て直そうとする人には瓦礫が邪魔だ。邪魔な瓦礫やゴミを隅田川にどんどん投げ捨てる人が後を絶たなかった。

そこで幕府は一声。

——非人ども！　街に散らかる汚いゴミを、汚いお前たちが、きれいにしろ！

皮肉っぽく言えばそんなところで、善七組の任務は、今度はゴミの始末である。道や小川に散乱する瓦礫やゴミを拾い集める。まずは水路を確保するのが肝心だ。上水道、下水道、彼らは腰まで水に浸かりながら必死にゴミを集める。集めた瓦礫やゴミは大川の向うの霊岸島《れいがん》や永代島《えいたい》、それに浅草新鳥越にある非人たちの住まいに近い「砂利場《じゃりば》」に運んだ。

「砂利場」は、この数年前まで刑場のあった場所。罪人を死刑にしたり、さらし首を並べたりする「お仕置場《しおきば》」と呼ばれていたところである。刑場は千住の小塚原《こづかっぱら》に移されて空地になったが、そんな怖い過去のある土地に普通の人は住まないし利用もしない。そこは江戸城再建のための資材置き場だったという記載も見たが、ここは体制に逆らった人が処刑された場所、死者の恨みの篭《こも》る死刑場である。将軍のお城とは馴染まない。この空地は非人たちしか利用しないと見た方が納得できる。

そして砂利場には夥《おびただ》しい火災の瓦礫やゴミが、山のように積み上げられていった。処分に困る大量の瓦礫だが、三ケ月後、これが役に立つことになる。

ちなみに刑場は、江戸開府の頃は日本橋本町にあった。元吉原のあった近くである。その刑場がここ浅草に移され、吉原がここに来る頃に小塚原《こづかっぱら》に移された。まるで玉突きのように吉原と刑場は連動している。と言うか、不浄なものは町の外れに置くという大原則に沿っているだけなのである。

大災害の跡の瓦礫の処理は大仕事だ。平成の東日本大震災でも何年も掛かっているのだから重機のない当時の人はどう対処したのだろう。処分に困った人々は、どんどんと河川などへ投棄したのも分かる。

江戸幕府は瓦礫の不法投棄が後を絶たず手を焼いていた。同年夏、「瓦礫の河川への投棄を禁止。河岸通りに瓦礫などを置くことの禁止。河岸地の空地の確保と清掃の命令」（近世史料研究会編『江戸町触集成』）などのお触れを出す。川岸を整備しておかないと復旧資材の荷揚げや搬入に支障を来たすからだ。

お触れが出ても町人は不法投棄をこっそりと続けたかもしれないが、大名家はそうもいかなかったようだ。敷地内に穴を掘って瓦礫を埋めていた。その証拠が出たのは姫路藩上屋敷《かみやしき》跡。千代田区飯田町にある。その屋敷跡から堀の跡が見つかり、堀の底の方には焼けた土や炭化した木材、高温のため赤く変色したり変形した瓦などが大量に埋められていたのが見つかった。言うまでもなく、これらは明暦の大火によって排出された瓦礫である。（『飯田町遺跡』）

瓦礫の置場には、官民とも相当に困っていたことがこれらのことでよく分かる。

◇大火の原因も非人のせいに。振袖火事

明暦の大火は、明和の大火、文化の大火と並び、江戸三大大火といわれるが火災の規模は江戸城さえも焼いた明暦の大火が文句なしの筆頭である。しかしながら火災の原因はいまだに不明のままである。と言うか、失火元は老中・阿部忠秋の屋敷なのだがそれをひた隠しにして他のせいにしていることは現代では大概、分かっている。

火の不始末には死罪もある厳罰主義で臨んでいた幕府。そこで「火元は老中屋敷」となると具合が悪い。今後の取締りにも影響する。一計を案じた幕府が阿部屋敷に隣接する本妙寺に掛け合い、「本妙寺が火元」ということにしたのだ。

これは火元であるはずの本妙寺が大火後も取り潰しにあわなかったどころか、元の場所に再建を許された上に寺格も昇進、大火前より大きな寺院となった。さらに近代に至っても阿部家が多額の供養料を年毎に本妙寺に奉納しているという。これは怪しい。さらに本妙寺自身も江戸幕府廃止後は「本妙寺火元引受説」を主張している。

それと並び、明暦の大火は「振袖火事」といわれている。この話の発生源は特定できないが、「老中屋敷失火」の事実を隠蔽《いんぺい》するために仕組んだ大衆受けする創り話と言い

切ってもいい。創り話だからよく出来ている。

商家の美しい娘が、偶然見かけた美少年に一目惚れ。寝ても覚めても彼のことが忘れられない。しかし叶わぬ恋。せめてもの思いで彼の着ていた着物と同じ柄の振袖を作らせて愛用していた。ところが彼女は儚《はかな》くも死んでしまった。彼女の気持ちを知る両親は棺の娘にその振袖を着せて送った。

ここからである。死者を葬る作業は非人がする。それは非人の仕事であることは知られている。そして棺に供えられた物品、着物などは弔いをする非人が貰えることになっていた。

美少女は埋葬された。振袖は慣例通り非人たちの手に渡り、古着屋に売られた。

物語はこう続く。

古着屋に売られた振袖は、別の若い娘が買った。ところがこの娘もすぐに死んでしまった。その振袖は死んだ娘に着せられて寺に持ち込まれた。死者を葬る作業をする非人たちはそれを古着屋に売り、振袖はまた別の娘の手に渡った。

ところが、この娘もほどなく死んでしまう。娘と振袖は、またまた寺に運び込まれて来た。この寺が本妙寺である。さすがの非人たちもこうまで同じことが重なると気味が悪い。住職に相談した結果、この振袖を寺で供養することになった。

住職が読経しながら火中に振袖を投じた。その時、突然、強い風が吹き、振袖は火がついたまま空に舞い上がる。燃える振袖は本堂の屋根に。火は屋根を焼き、瞬く間に近隣に延焼、江戸市街六割を焼き。十万人もの焼死者を出す大火災となった。

大火の原因は美少女の怨念。そして振袖を美少女から取りあげた非情な非人たちの行為となってしまった。火元は本妙寺だが失火の原因は霊と非人。住職はそれらの供養をしていたのだから罪はない。まして老中・阿部忠秋の名前などはどこにも出てこない。

振袖火事とやさしく題された美しくも悲しい物語。この物語で失火の真犯人は覆い隠され、犯人は霊となった美少女、そして人間ではない非人とされた。「だから仕方がない。犯人捜しはよそう」。

そんな創り話なのである。

◇元吉原も焼けた

大火の時、吉原遊廓の人たちはどうだったのだろう。これも気になる。当然、日本橋人形町にあった元吉原も丸焼けだった。

『明暦の大火百年忌』（早稲田大学演劇博物館）という一覧表に江戸の町別の死者数が載っていた。それには、「よし原　百二十六人」とあった。吉原の近所の町を探すと、「さかい丁　百三十一人」、「いせ丁　百四十四人」、「あんどん丁　六十四人」。変な言い方だが平均的に犠牲者が出ている。

当時の吉原は、遊女だけで約千人。加えて、ほぼ同数の男女スタッフがいたはずだから人口は約二千人。ならば死者の割合は五％程度。江戸の人口の三十％が亡くなったことから思えば被害の割合はかなり少ないと思える。

人口密度が高い吉原。どぶ堀に囲まれていた吉原。年季に縛られて自由がない遊女もいたはず。火事から避難するには他所よりハードルが高そうだが、よく逃げてくれたものだ。

◇吉原建設工事に従事したのは非人たち

さて、いきなり非人や非人頭が登場したが、吉原遊廓の建設工事に直接従事したのは非人頭・車善七に率いられた多くの非人たちなのである。詳細は後に章立てをするが、フライングを承知でざっとだけ書いておく。予備知識として頭の隅においていただいた方が何かと分かりやすいだろう。

かと言って、本当の少しだけにする。

浅草田圃の深い湿地帯を埋め立てて遊廓街はできた。埋め立てに使われたのは明暦の大火で出た夥《おびただ》しい瓦礫。それを運び込む運搬作業や埋め立て工事に従事したのは非人たちである。

工事の大まかな設計をし地鎮祭を執り行い、総監督的な立場にいたのは土御門家配下の知多の陰陽師である。

実際に現場を監督し、作業もしていたのは知多の黒鍬衆である。黒鍬は六組が参加、一組が二十数人だから計百五十人ほどが現場にいたとみている。

そして黒鍬頭の指図に従って土工作業をしていたのが非人たちである。車善七配下の非人は約三千人、この半数が毎日、この作業に駆り出されていたのだろう。

明暦3年4月末に始まった工事は同年8月に完成した。車善七の貢献度は極めて高い。町奉行は善七に新吉原遊廓でのゴミ拾いなどの利権を与え、加えて吉原に隣接する一角に九百余坪の土地を与えた。これが幕府からのご褒美だった。

四角に整備された遊廓街の南角に、まるでコブのように張り付いた土地が車善七宅。絵図には「乞食小屋」「非人小屋」とか「浅草溜」などと記されている場所だ。近代の地図などはあえてその文字を消して空欄にしてあるものも多い。

ともあれこの善七の家、即ち善七の仕事と特権は明治時代まで変わらず続いている。

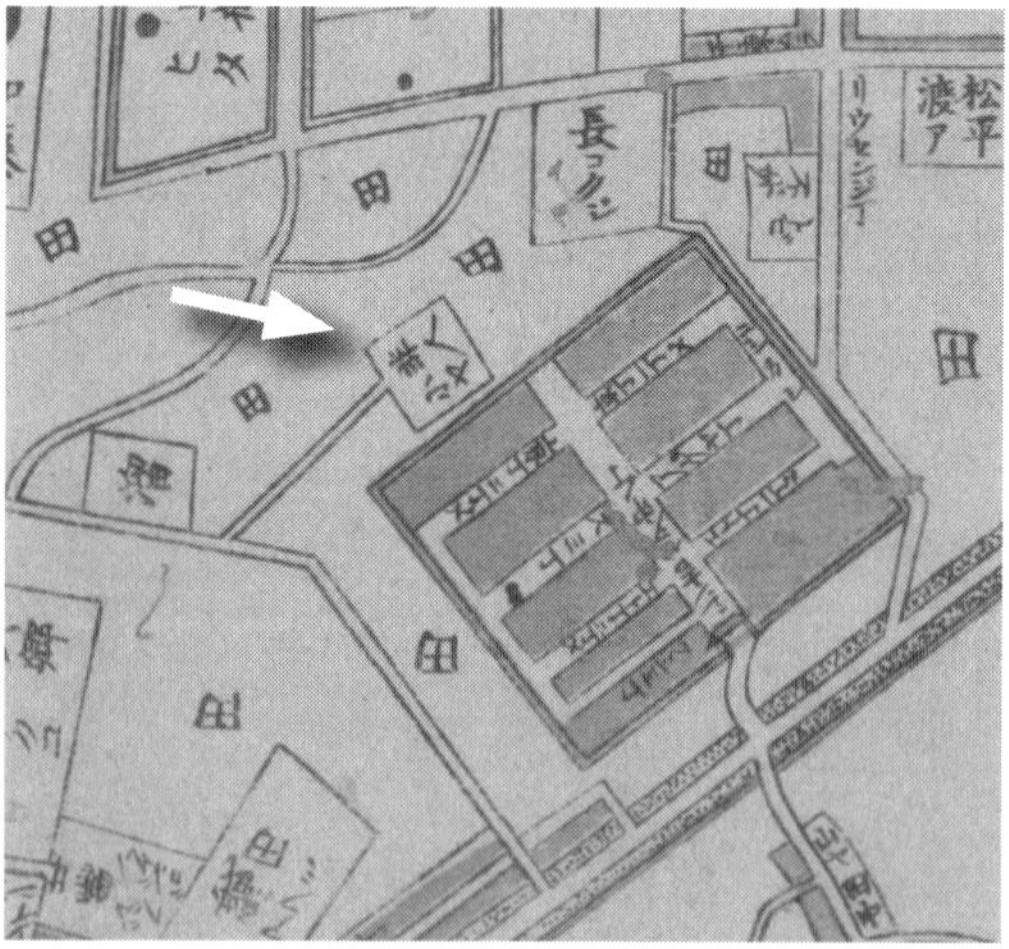

新吉原遊廓　上の図は江戸中期。下の図は「慶応改正御江戸大絵図」（1867 年）のもの。矢印が「車善七の家」である。この 200 年間、「非人溜」はそのまま存在した。

新吉原の建設まで

◇移転を急ぐ幕府、困惑の吉原の人たち

吉原遊廓の郊外移転が命じられたのは明暦2年10月9日。立退き補償金を受け取ったのが同年11月27日。翌年3月までに移転する約束だった。

遊廓の年末年始は稼ぎ時。忙しい。正月営業が終ったら準備しよう。金は一万両もある。二、三ヶ月もあれば建築も移転もできる。などと思っていたかどうかは分からないが、予期せぬ大惨事、明暦の大火である。1月18日のことであった。

江戸中が火の海、江戸城本丸も焼けた。吉原も丸焼け。江戸市民の全員が、命からがら逃げ回った三日間だった。

これから幕府は大忙し、今でも瞠目《どうもく》するような政策を次々に立て、矢継ぎ早に実行

している。当時の将軍、徳川家綱が偉いのか、家老の保科正之《ほしなまさゆき》が偉いのか、今日の災害復興にも充分に教訓となるものだ。

実施されたことだけ列記する。これらは『1657明暦の江戸大火』内閣府、などを参考。

まずは被災者救援。江戸の各所で粥《かゆ》の炊き出し。一日千俵を九日間。さらに二十日間延長。焼けた幕府の米蔵の米を一般に放出。家を焼け出された江戸町民に救助金として十六万両を支給。さらに、米価の高騰を抑える施策。木材など復興の高騰を抑える施策。武家にも復興資金を下付。大名家にも江戸の町の人口を制限するために参勤交代の中止を通達した。

そして、新しい江戸の町の都市計画を立案。その実行にかかるのであった。

こんな大混乱の幕府が吉原の傾城屋の移転の心配などするわけがない。また、傾城屋だって店も住居も焼かれ、それどころではなかったろう。一月、二月はあっという間に過ぎていった。

三月になって幕府の評定所がようやく移転した。ここは幕府の政策決定の役所。やっと一歩、平常に戻ったという感じだろう。

少し平常に戻ると江戸市中の治安の乱れが気になる。焼け野原に焼け出され寝場所もままならない人々。空腹を抱える人々。そこに現われる無秩序な商売。犯罪が起こらない方が不思議だ。幕府にとって頭の痛い不満浪人の存在もそのままである。ここで騒擾《そうじょう》防止のための「悪所」の郊外追放の早期実施が決まり、吉原の移転が再度、俎上《そじょう》に急浮上したのだ。奉行所から早急の移転を督促されている。

催促をされても吉原の連中の腰は重い。家と一緒に物品も焼かれた。遊女の着物も布団も焼けてしまった。加えて江戸の町は建設ラッシュ。建設資材も手間賃も高騰も高騰、それこそ金を出しても買えないのに近い状況だったろう。

それもそのはず、江戸の八百の町が全焼。大名屋敷は百六十。旗本屋敷が八百十。神社仏閣が三百余。橋が六十余。倉庫が九千余焼失している（『東京市史稿』）のだから、それと同じだけの建築の需要があったわけだ。ざっとみても、江戸市中で二万軒から三万軒の建物を建てねばならない。それも大急ぎで。とても浅草田圃まで手が廻らない。

「そんな事情でございます。移転はお許しください。しばらくの間、日本橋近辺で仮営業させてください」。

などと傾城屋は打ち揃って申し出た。

しかし幕府はそんな悠長《ゆうちょう》なことは聞いていられない。傾城屋が掘立小屋でも建てて店を開けるなどすると不穏浪人の溜まり場になる。大災害の跡の焼け野原の江戸。その街角で遊女商売が始まると取締りも出来ず厄介だ。それどころかいっぺんに不良が集まる悪所になってしまう。

——幕臣の脳裏には由井正雪の叛乱が常に去来しているのである。

何とか悪所が出来ることは避けたい。しかし、禁止や規制では抑えきれないほど、建設ラッシュの江戸の町には労働者が溢れ、そこには遊女の需要は沢山ある。幕府は一計を案じた。江戸の町から遠く離れた千住や三ノ輪辺りの農家の納屋などを借りての傾城屋の仮営業、「仮宅《かたく》」を認めざるを得なかったのだ。

正式に仮宅を認めたのは6月9日だが、この年の2月から3月には盛んに、もぐりの営業はしていたようだ。

◇江戸三奉行が揃い踏みで視察

そして同年4月16日、幕府が動いた。

石谷将監貞清《いしがやしょうげんさだきよ》北町奉行、神尾備前守《かんおびぜんのかみ》元勝南町奉行、曽根《そね》源左衛門勘定奉行が、三人揃って吉原田圃の移転地を視察した。

江戸時代は勘定奉行、町奉行、寺社奉行の三奉行で江戸の行政にあたっていた。また、町奉行は北町と南町が月番で業務分担をする制度だった。一方は非番ということではないが、こうして揃って視察、検分に出張することはあるのだろうか。

さらにこの日は両町奉行に加え勘定奉行までお揃いである。江戸の治安対策、悪所の取締りは町奉行の仕事。ここに勘定奉行が加わるのは町奉行の管轄外の何かがあるからに違いない。

資金のことだけなら明解だが、別の見方もできる。勘定奉行は勘定方のトップであると同時に幕府直轄領（天領）を支配する役職だ。新吉原の三町四方が天領扱いになるとは言わないが、それに近い特別な町を想定していたとしてもおかしくない。

言うまでもなく、三奉行の揃い踏みは傾城屋のためではない。事業はクーデター対策なのである。

この視察時に、

「場所御見分被成傍ニ候　定杭御建被下候」（この場所・土地を検分し、建築場所を

許可、確定する杭を打った）

とのことだから、この日に建設用地の指図、決定がなされたのである。だから、これ以前は工事未着工だったわけだ。

この検分は奉行たちだけで行ったわけはない。ここには新吉原の中心となる名主クラスの者たちが紋付き袴姿で居並んでいた。もちろん、そこには松本清十郎もいた。

この日、縄で囲われた移転予定地は、三町四方。坪数でいえば二万七千坪ほどである。そこは葦と沼のような大湿地帯。少し先に寺や人家が見えるが、指定地一面は、荒地、沼地というほかはない。辺鄙《へんぴ》そのものの一帯である。

わずかな支えは日本堤だ。大川（現・隅田川）の氾濫《はんらん》を防ぐために築かれた、きれいに一直線に伸びる堤である。この堤は堤防としても交通路としても有効だ。但し、この堤に隣接して遊廓を造ってはならないという下命があり、大きく千束池の方に入り込むことになった。これは遊廓すなわち悪所への出入り口を極力狭めて、監視しやすくするためである。幕府の狙いがまともに分かる。

したがって、広大な湿地帯の中に小島のような浮島のような造成工事が必要なのである。

明暦の大火の復旧工事で諸物価は大幅に高騰、大工の手間賃などは通常の三〜四倍になっている。幕府が懸命に抑えたが、木材、石材の値も暴騰している。それに人手不足も顕著だ。とても通常の工事は出来ない。これが平時ならしばらく工事は延期とするのが得策だが、世相の混乱している今こそクーデター防止は喫緊《きっきん》の政策。急がねばならない。

新吉原建設の幕府の責任者である北町奉行の石谷貞清は、土木普請の知識もあった。土木知識は慶安3年（1650）、洪水や治水の視察で近江国、伊勢国、尾張国と巡検した時に得ていた。木曽三川の治水工事、浚渫《しゅんせつ》工事の模様も見ていた。その現場にいて工事の監督をしていたのは、かつて秀吉に京を追われ、尾張国知多地方に住み着いていた陰陽師たちであった。

京を追われた彼らは尾張のあちこちの土地に根を下ろし、万歳や占いで生計を立てるもの、工事現場を生活の手段とするものなど、数千人が暮らしていた。

殊に土木工事に関して彼らは技術力に加え組織力があった。現場監督といえる陰陽師の下に乞食といわれる多くの人たちを使うことができた。治水工事などでは生きた人間を人柱にするなどという荒技が出来たのも、陰陽師という摩訶《まか》不思議ともいえる神がかり的な職種であったからだろう。

石谷は確信していた。陰陽師を使わぬ手はない。石谷は自らを納得させるように、うんうんと何度も頷いていたのである。


先走り気味に書いておくが、知多半島の根元、寺本村、大府村、生路村一帯は全国有数の陰陽師の郷である。

これらは後の付録の補考で詳しく書く。

陰陽師と吉原遊廓

◇普請の先頭には常に陰陽師がいた

この時代、あらゆる土木工事や建設工事に際しては陰陽師に指示を仰ぎ、無事を祈祷してもらうのは必至のことであった。山には山の神、川には川の神がいる。この世には鬼もいる。妖怪もいる。鬼や妖怪は人間を食らう。――それが常識の時代だったから当然である。

二十一世紀の現代でさえ、家屋の新築にあたっては地鎮祭など神主にお祓いをしてもらうのが決まり事のようになっている。大都会の超近代的なインテリジェントビルだって建築や入居に際しては古式ゆかしきお祓いをしているのだから見ようによれば

滑稽な光景だ。さらに、信仰心のあるなしは別にして住宅の水回りは鬼門を避けることは、ほぼすべての日本人が意識していることだろう。だから、中世、近世での神事はいかばかりのことだったのかは想像にあまりある。しかし陰陽師は占いなど心霊的なものが専門ではない。天文学や地理学、過去の戦史などを学んだ科学者である。彼らは「博士」と称されていた。現代の「博士」の語源がこれである。

この頃、江戸には安倍晴明《あべのせいめい》から続く陰陽師宗家の当主、土御門泰重《つちみかどやすしげ》がいた。泰重は先代当主の土御門久脩《ひさなが》の子。久脩は家康の信頼も厚く、家康入府以前から江戸に詰めて町の建設の先頭に立っていた陰陽師宗家である。

◈陰陽師宗家のネットワーク

江戸の町の普請。河川、橋の管理は町奉行所の管轄である。普請にあたりその吉凶を占い、時には工事の先頭に立つのが陰陽師。土御門と石谷は常に接している間柄だ。石谷は土御門を訪ね、膝詰めで相談をした。

江戸の治安回復のため、すぐにでも吉原遊廓を移転させたい。江戸の町々に無節操な歓楽地が出来ると無頼の徒の溜まり場になる。もし、慶安の変のような事件が起きると明暦の大火後の復興途中の江戸は大打撃を受ける。浅草田圃の移転地を早急に整備し、悪所を移転させたい。

石谷は土御門にそう力説した。

「土御門殿、お力をお貸し願いたい」。

石谷は陰陽師ネットワークを使うことが、この際、最善と考えていたのである。

まるで突飛なことを書き出したようにみえようが、石谷貞清の人脈と知識を管見するだけで、この石谷の行動が、かなり合理的なものであることが分かる。

彼が治水などの普請を担当していたことは先ほど書いた。その現場で陰陽師の実力を知ったことも分かった。陰陽師宗家とは普請事業を通じ、日常的な交流があることも分かった。さらに北町奉行・石谷の管轄に廻船、酒があった。廻船、酒に関するトラブルや訴訟は石谷の担当である。廻船と酒は、大坂—知多半島—江戸の東海路が大動脈。この海道を仕切っているのは千賀志摩守。彼は知多半島南部が所領の船奉行である。この時代は最盛期の前だが、やがて、「廻船・酒」は知多半島の代名詞となる。江戸・廻船・酒・千賀・知多半島は極めて深い繋がりがある。

千賀志摩守は東海の守りを固めるため尾張徳川藩に所属、その船奉行を務めるが、実質は家康直轄の旗本である。典型的な二重封臣《にじゅうほうしん》である。その強固な関係は前に書いた。この千賀の影響力も大船団を握るだけに相当のものがあった。

加えて、陰陽師宗家土御門は、家康の肝煎《きもい》りの人。別格の側近といってもいい存在だ。幕府高官にとって土御門の声は家康の声のように聞こえることもあったはずだ。

さらにさらに、石谷には切り札があった。

車善七ら非人の大集団は奉行の支配下にある。善七の組だけで三、四千人。他の組を合わせれば六千人もの人がいる。しかし「乞食以外はしてはならない」、つまり「生産活動や商いは禁じられている」非人だから、大火後、いくら町中で労働力が不足しても彼らを使うことはない。

但し、奉行が命ずる「御公儀御用」なら別だ。さらに重要なことは、一般の人は非人を使いにくい。非人たちも一般人に一線を引いているからだ。その点、陰陽師は違う。非人など賤民とされる人たちは、陰陽師の配下といえる立場にあるからだ。

そして、勘定奉行もこの政策に加わっている。浅草田圃の現地視察に同行していることでそれは明解だ。勘定奉行の承諾は公的資金投入の承諾でもある。資金面の手当てはついたとみていい。重ねて言うが、遊廓経営のために公的資金を投入するのではない。これはクーデター対策。これなら問題があろうはずもない。国家政策の最上位にあるものだ。


石谷は洗いざらいを土御門に話した。

「承知しました。すぐにでも手をうちましょう」

土御門は大きく頷いたのである。

一番に打つ手は、車善七を使える男の選定とその招聘《しょうへい》である。ここが決め手になると土御門は確信していた。リーダーの力量でその工事の成否が異なることは、各地の普請を見てきて嫌というほど思い知らされている。まして今回は、非人グループを中心的に使うという特殊なケース。土木技術に練達したリーダーに加え、カリスマ性のある人物、重石《おもし》になれる人物が要るのだ。

土御門は善七のことを石谷に訊くと、「三河は渥美半島の出」と答えた。

渥美半島の豪族や戦国大名は知多半島の先端部の師崎辺りを手にしようと何度も攻め込んでいる。それは何世紀にも亘り何度も繰り返している。領主も繰り返し代わっている。その副産物として、人的、経済的、文化的にも交流があり、戦乱の治まったこの頃、渥美半島と知多半島の南端部は隣村と言ってもいい繋がりがあった。

土御門は膝を叩いた。

「須佐村の柳《やなぎ》の家だ。柳家の周辺《まわり》に適材はいるはずだ」。

柳は知多半島の陰陽師組織、下《しも》組の頭である。

土御門は柳伊左衛門の許に使いを走らせた。

そして柳が選んだ男は、松本清十郎。須佐村の土御前社《つちごぜんしゃ》の宮司の息子である。神官であれば申し分ないが、息子でも身分は神官扱いできる。武士とも対等に向き合える階層だ。

むろん、陰陽師との交流があり伊勢神宮にも人脈がある。さらに、清十郎の父、禰宜左衛門《ねぎざえもん》は千賀志摩守の所領内に点在する幾つもの神社の神主を兼ねている。千賀家ともしっかりしたパイプがある。この千賀は前記のように石谷とも昵懇《じっこん》である。どんぴしゃり。この人選は絶妙であった。

さらに土御門は、工事現場で直接指揮をする陰陽師を知多郡横須賀村に求めた。ここは普請に練達した人でなければならない。こちらは土御門家のネットワークがあるので何の問題もない。その指令を受けた知多の陰陽師の小頭は、横須賀村近在の腕のいい黒鍬衆のリーダー、鍬頭《くわがしら》を指名した。

◇知多半島の黒鍬衆

黒鍬衆《くろくわしゅう》とは土木工事の技術・作業集団のことで知多半島で生まれた〝職業〟である。

三方が海に囲まれたうえ丘陵部が多く平野のない知多半島は耕作地が少ない。そのうえ粘土質の地質は水持ちが悪く水田には不向き。そこで必要にかられ農業用水の確保のため、溜《た》め池造りがさかんに行われていた。しかしそれは素人工事のレベルだ。そこに土木技術に長けた陰陽師が知多に移り来て様々な技術を伝えたのだ。

土木技術は年々レベルアップ、やがて全国で認められる卓越した技術力を得るに至り、各地から工事の依頼が来るほどのものとなった。ここで陰陽師を先頭とする黒鍬集団が誕生したのである。

知多の黒鍬衆は各地で多くの工事の実績を残している。黒鍬衆の得意は、溜め池に関連した浚渫《しゅんせつ》工事、険しい山地の道路造りなど高度なものだった。

特筆すべきは、大阪・堺の大仙陵古墳（仁徳天皇陵）に宝暦年間から六～七十年に亘りかなりの頻度で工事に入っている（川内眷三氏『古墳と地溝の歴史地理学的研究』及び「尾張衆黒鍬者の動向」など一連の論文に詳しい）こと、また、将軍家兵法指南役である柳生藩家老、小山田主鈴《しゅれい》の屋敷の石垣工事を担当していることなどだ。いわば皇室御用達、将軍家兵法指南役御用達であるからその信頼度は相当高かったことが分かる。また、皇室の依頼や将軍家高官からの依頼が農村・農家にダイレクトに来るわけはない。これは陰陽師宗家が窓口でそのネットワークによるものと考えるしかない。

　さらに、知多の黒鍬が全国展開できたのも単に技術力があったからだけではない。自由に他国へ稼ぎに行ける「通行手形の特権」があったからだ。

　前の章で述べたように知多半島は「家康領＝天領のような特別な国」だった。他の藩ならば他国を旅する際、通行手形が必要だ。この発行の手続きは地元の奉行所や代官所が所管し、何かと煩雑。しかし黒鍬組は「村の庄屋の書き付け程度」でよかった。それどころか渡船などの船賃が無料（千賀氏の管理する船だけかもしれないが）の優遇措置さえあった。

　注文さえあれば他国へ自由に行ける。他藩の人ではとてもこうはいかない。

　ちなみに陰陽師の通行手形は陰陽師宗家（実は地元の代理人または土御門江戸役所）

が発行する。黒鍬衆や尾張万歳衆の通行手形もこの倣《なら》いである。自分たちが自分たちのパスポートを発行するようなものだから至ってスムーズだ。そして知多の黒鍬、尾張万歳は自由に全国に稼ぎ場を広げて永く栄えていくのである。

これら知多半島独自の特権に関する研究はまだまだ進んでいないが、筆者が繰り返し述べている「家康と千賀の力」が成すことと考えて遠くはあるまい。

下の挿絵は『続保定記』に掲載の絵図（久松宗作著）で「天保期の印旛沼堀割普請」の黒鍬の様子である。右が土工、左が小頭。「黒鍬雇頭、土方共に江戸者多く」と書かれているので彼らは知多の黒鍬かどうかはこの記述だけは不詳だが、知多郡横須賀村に遺る陰陽師関連の資料

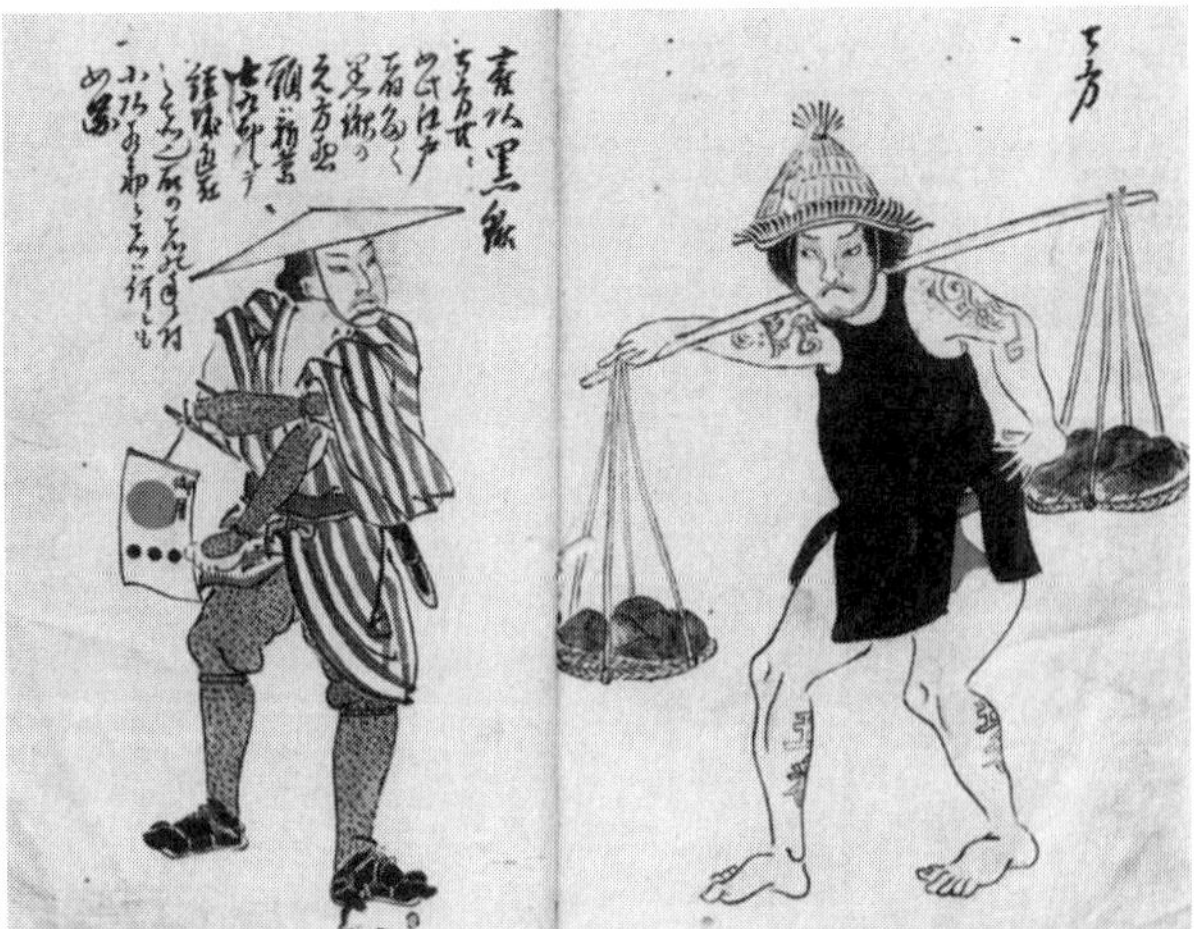

土工と黒鍬雇頭　土方共ニ如此江戸者多く、黒鍬の元方惣頭ハ新兵衛　七九郎トテ結城近在之者也、右の者の手ニ付小頭相勤候者ハ、何レも如図

＝千葉市発行資料

『上州松井田庄・武州秩父郡迄御旦家配札帳』、『常陸国真壁郡配札帳』から横須賀村の陰陽師・永井織部家は、上野国・武蔵国・常陸国に旦那（得意先）となる家を二七〇軒程有していたことが分かっている（調査は知多市養父の郷土史家・杉江清治氏）。つまり知多郡から出張して仕事をする権利・縄張りを諸国に持っていたわけだ。掲出した絵図は下総国印旛沼なのでそのものずばりではないが、上州国、武蔵国があるのだから隣国の房州三国も同様に知多の陰陽師の旦那場があるとみていいだろう。

また永井家資料には、「陰陽師が旦那を訪れる際には土御門家から授与された〈許状〉や〈掟書〉とともに〈お札《ふだ》〉や〈扇〉、その他に日用品も持参して行った」とある。この一文を受け、注目すべきは小頭の持つ「日の丸印の小旗」である。

これは前述の家康の馬標。千賀の船印である。ここまで出て来れば、家康と千賀と陰陽師、そして黒鍬衆は無関係とは言えない。

黒鍬衆は二十数人が一つの組をつくり組織的に行動している。組を纏めるのは鍬頭《くわがしら》とされる男。炊事や洗濯を担当する女性も一人同行しているのが常で現地での長期間の集団生活を送る態勢が整っている。溜め池造りが得意な組、石垣積みに長ける組、埋め立て工事が達者な組など、それぞれ持ち味や特長もある。

知多の陰陽師の小頭に江戸吉原の仕事を依頼された黒鍬の鍬頭の長は、六組を選んだ。そしてその六組百五十人ばかりと共に、早速、江戸に出立したのであった。

明暦3年5月、松本清十郎は浅草田圃の工事現場に立っていた。知多半島から陰陽師の小頭や黒鍬衆たちも到着していた。既に工事の槌音は浅草田圃に響き始めていたのである。

◇陰陽師について

江戸開府の普請に陰陽師が関わっていたことは事実だ。さらに新吉原建設に陰陽師が深く関わっていたとみて間違いはない。新吉原が出来てからも陰陽師傘下にある尾張万歳など尾張知多衆が日常的に通って来ている。それは、彼らが「尾張万歳は大門で咎《とが》められることはない」、「まず尾張屋清十郎の店に行き、他店を廻る」という記述からも分かる。

なぜ陰陽師だったのか。知多にはそんなに陰陽師がいたのか。なぜ彼らは大きな力を持っていたのか。

それらを解明するため「知多半島の陰陽師とその仕事」の章を書いたのだが、長文でもあり、ここに挿入すると「吉原はこうしてつくられた」の読み物自体に難解さや散漫さが出てしまうかもしれない。――そう考えて、あえてここに入れるべき陰陽師関係の五つの章を補考として最終ページに付録扱いの別立てをした。

今、そのページに飛んでお読みいただいてもいい。後で読んでいただいてもいいようにも書いている。随分変則だがお許し願いたい。

なお、自分で言うことではないが、「知多半島の陰陽師とその仕事」の五つの章はそれなりに苦労した作品。新しい視点もあり面白いと思う。

新吉原はこうして造成された⁉

遊廓街だけ一段高く盛り土された

三ケ月や四ケ月で二万八千坪（約9万4千㎡）の湿地を地盛り造成し、遊廓を営業できる建物を百棟近くも建てることはできるのだろうか、と友人の一級建築士に尋ねていた時だ。「吉原のあたりだけ、周囲より標高が高いと聞いたよ」と彼がぼそっと言った。

うむ？　と思い標高を調べてみた。『グーグルの標高』、『カシミール３Ｄ』と便利なソフトがある。その道にオンチの筆者でも家のパソコンで簡単に調べることが出来た。

次の頁の略図の通り、浅草寺から日本堤、三ノ輪の一円で、吉原遊廓のあった土地だけが一段と盛り上がっていることがはっきりと分かった。

日本堤は、ほぼ全域が標高8・8メートルから10メートルである。そこからカーブしながら吉原に入る五十間道の中間が11・6メートル。吉原大門が建っていた所が13・5メートル。大門からまっすぐ伸びる仲之町通りに入ってすぐが13・9メートル。この地点が吉原のみならずこの浅草一帯でもっとも高い所。仲之町通りを奥に行くに従って少しずつ低くなり、揚屋町と交差する所が12・8メートル。一番奥の水戸尻《すいどじり》で11・5メートルとなる。吉原の各町は中心部が高く外に向かって少しずつ低くなっている。亀の背中のような感じと思えばいい。

その亀の背中も、江戸町、揚屋町、京町とも大門から見て右側（一丁目）の突き当たりが9メートル。左側（二丁目）の突き当たりが10メートルとなる。つまり仲之町通りを中心に3メートルから5メートルほど低くなっているのだ。かなりの高低差である。

吉原以外を見る。

浅草寺は標高9メートル、雷門は10メートル。三ノ輪一丁目交差点は8メートル、二丁目交差点は7・7メートル。浄閑寺は7・1メートル。樋口一葉記念館は7・8メートル。ちなみに隅田川の川面の標高は0・2メートルほど。その河川敷は、ほぼ2メートルだった。

これで分かるように、どの一帯より吉原遊廓の町は、3〜7メートルほど高い。ゆうに家一軒分を超える高さだ。ここに小山があったわけではない。元々この一面は浅草田圃といわれる沼地のような湿地帯である。この湿地帯を周囲より5～7メートルほど高く盛り土したのは明白だ。

新吉原は浮島のように浅草田圃に造られていたのである。

新吉原の完成時。この近辺の風景を想像してみよう。

日本堤は周囲より4メートルほど高い堤で、山谷堀に並行して長々と伸びている。その周辺は田圃と沼地。そこに吉原遊廓の三町四方が、日本堤より3メートルほど高く、

新吉原が周囲より高く造成されたことが分かる略図

＊標高の数字は高い方を表示　絵は江戸切り絵＝国立国会図書館

浮島のように見える。遊廓街から辺りを見ると周囲は低いので、南に浅草寺、北に千住まではっきりと見渡せる。逆に浅草寺方面から新吉原遊廓街を見ると、低い沼地、低い湿地帯の上に浮かぶように見えているのであろう。

この埋め立て造成工事をみて、筆者がすぐに連想したのは先の戦時中に急ピッチで建設された大軍需工場、中島飛行機半田製作所のことである。

昭和17年（1942）に同社は愛知県半田市に進出、新田地帯と海浜を埋め立てて地盛りして、二年足らずで東洋一という規模の軍用機工場を建設した。陸地の地盛り68万5千坪、海面埋め立て46万5千坪。実に100万坪を超える造成工事であった。これに着工したのが昭和17年8月20日。埋め立て工事、造成工事、10万坪の工場の建設、飛行場・滑走路の建設と進み、着工よりわずか1年5ケ月後の19年1月に、ここから一番機「天山」が飛んだのである。

江戸初期の工事と昭和のそれを比較するつもりはないが、その土地造成の工法はよく似ている。参考になる。

中島飛行機の海浜造成の工法は次のようだ。

海底の土砂を千馬力のポンプ船で吸い上げ、埋め立て予定地（海浜や新田地帯）のもっとも高い所へ放出する。海水を含んだ土砂はどんどんと積み上げられて、やがて土砂は高い所から低い方に滑り落ちる。その滑り落ちて広がっていく土地に松などの木材を縦に差し込む。また、横に寝かせて置く。木材は土砂の流失を防ぎ、さらに基礎杭の役目も果たす。一定の広さが埋まると隣に移動。それを繰り返す。

やがて広大な海浜が土砂で埋まる。初めは土砂の高い山を中心に大きな楕円形状に土地が出来ていた。それを定められた四角の面積に収めるように周囲に堀を掘る。掘る際に出る土砂は埋め立て地に入れる。すると四方が堀で囲まれた工場用地が出来た。中島の場合は、近隣の山を崩して、その山土も利用しているが工法自体は述べた通りのものだ。

同様なことが浅草田圃で出来ないか。

出来る。そのまま出来る。移転予定地の周囲の土砂をどんどん掘り出して、町の中心、仲之町通りに積み上げればいい。

ちょっと待て、それでは土砂が足りなくはないか。いや大丈夫、埋め立てに絶好の不要品がすぐそばの「砂利場」（浅草の隅田川沿いにある空き地。元は刑場だったが刑場は小塚原に移転。その後、砂利など資材置場になっている。）に山と積まれているではないか。大火の瓦礫《がれき》だ。持って行きようのない邪魔物である。これを利用して褒められることはあっても叱られることはない。

そこで車善七の出番である。善七には当時、三千人を超す手下がいた。号令一下、砂利場の瓦礫は埋め立て予定地にどんどんと運び込まれ、見事、新吉原の埋立地の基礎となったのである。

新吉原遊廓の町の広さは、奥行きが百三十五間（265・95メートル）、幅が百八十間（354・6メートル）である。面積は約9万4千3百平方メートル、坪数では約2万8千5百坪となる（当時は京間で、一間を6尺5寸（約1・97メートル）で計算）。この面積の沼地や荒れ地に土砂や瓦礫を入れて埋め立てをしたのだ。

面積と深さを掛け算すれば埋め立てに要した土砂などの量は簡単に出るが、湿地（田圃）の深さを5メートルにするか10メートルにするかで、とんでもなく答が変わってしまうのでここでは止めておく。

そう筆者を不安にさせたのは、歌川広重の「よし原　日本堤」の絵。この描写が何とも鮮烈だからだ。

掲出の広重の絵をみてほしい。この土手は日本堤。堤の右手は吉原側すなわち浅草田圃。すぐ先には千束池がある典型的な湿地帯である。左手は大川である。屋台の並ぶ堤の先端に見える家の屋根屋根が吉原の遊廓街である。

この絵は既に遊廓街ができてからのものだが、建設前の土地の状態は絵の手前のような沼地だったことが分かる。この日本堤よりはるかに低い沼地を埋め立てて土地は造成されたわけだ。さらに先に書いたように「遊廓街は日本堤より3《メートル》ほど高く」造成されていたのだから相当量の土砂・瓦礫を要したことは説明するまでもない。

埋立地に大火の瓦礫を放り込み、その上に土砂を積んだ。土砂はこの周囲の田圃の土である。近隣の山から採ったものもあったろう。但し、大量の瓦礫があるのだから土砂はそう多くはいらない。

広重「よし原　日本堤」

その瓦礫だが江戸時代の木造家屋の廃材。ほとんどが材木、瓦、石である。埋め立てには好都合なものだ。

結果からみると瓦礫を積み過ぎて日本堤より3メートルも高い高台の街が出来てしまったのだろうか。しかし周囲は沼地や田圃。後で削って低くする必要もないから、そのままにしたのだ。

見渡す付近一帯は湿地帯。そこに日本堤より3メートルも小高い三町四方の浮島が誕生した。それが新吉原遊廓の原型だったのである。

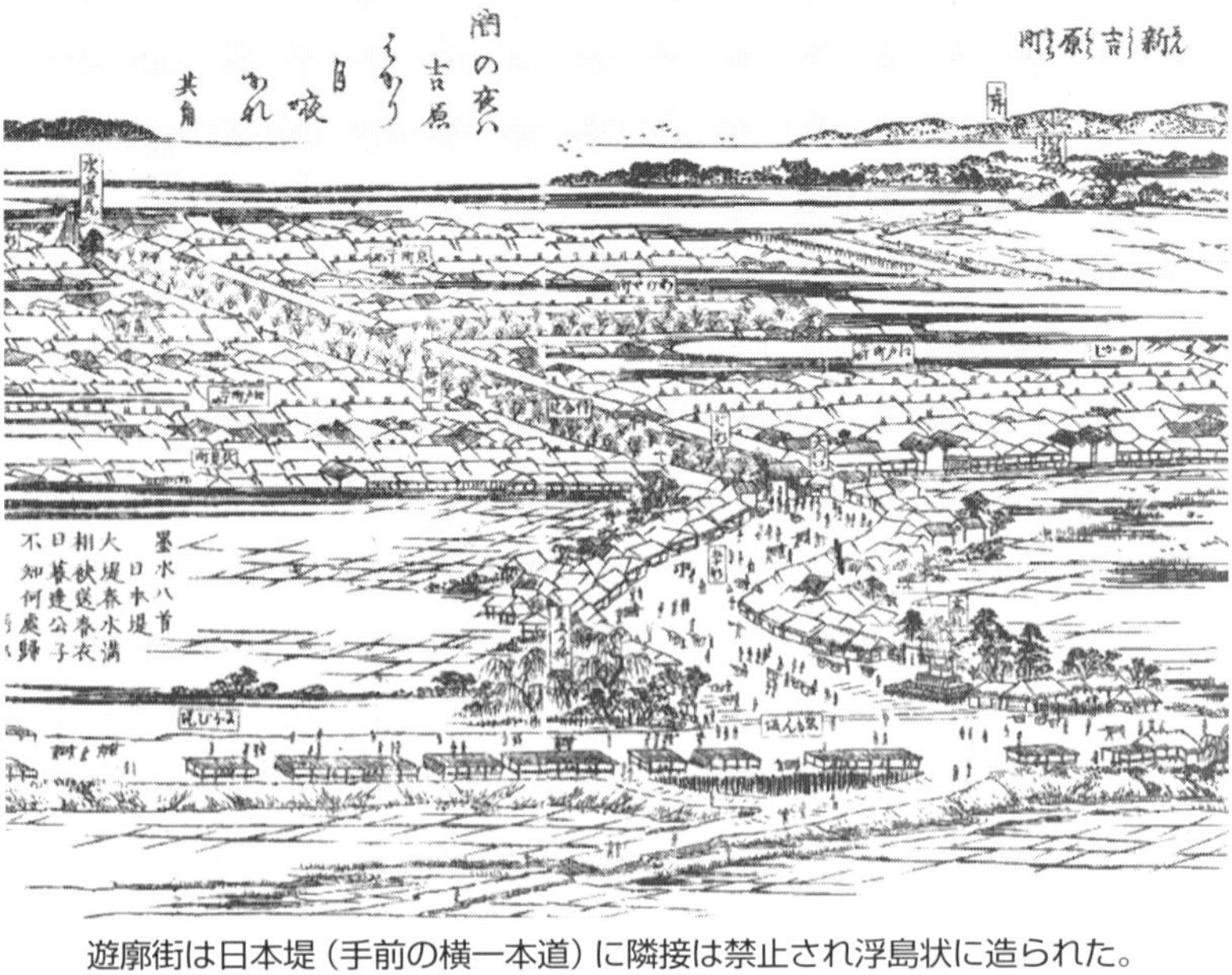

遊廓街は日本堤（手前の横一本道）に隣接は禁止され浮島状に造られた。大きくカーブして街に向かうのが五十間道。　＝江戸名所図会

◇「おはぐろどぶ」

ここで一つの通説が崩れた。「おはぐろどぶ」のことである。

新吉原建設直後は「おはぐろどぶ」など堀割はない。縷々《るる》述べたように、新吉原は田圃の中の浮島の街。だから、四方はすべて5メートル《メートル》以上も深い湿地である。堀など造りようもない。だから「おはぐろどぶ」といわれる堀割ができたのは吉原周辺の土地が一般宅地として造成されてからだ。それは江戸時代も中期以降だろう。ただし新吉原初期には下水道として幅七尺から一丈三尺（約2〜3・6メートル《メートル》）の溝を造っている。これは亀の背のようになっている街中から流れて来る雨水、あるいは汚水を受けて排出するものだ。後年言われている七〜十メートル《メートル》幅の堀割ではない。

ざっくり言えば新吉原開基から百年以上、世に通説となっている「おはぐろどぶ」はなかったのである。

ついでに「おはぐろどぶ遊女隔離説」に文句をつける。この堀割は遊女の逃亡防止のためというのが定説だが、実は違う。この堀割は一般社会と「悪所」を区別するためのもの。悪人や反幕府勢力を一箇所に纏めておき監視を容易にするためのものと見る方が正しい。権力はそんな本音を隠すから、善良な一般市民は可哀想な遊女が閉じ込められているとみてしまうのだ。

遊女といえど四六時中、見世に縛り付けられているわけではない。夜間は駄目だが昼間ならば自由な時間もあった。こんな川柳がある。

「観音へ女郎の出来がぞうろぞろ」遊女たちの参詣の様子。ぞろぞろである。

「大門を出る病人は百一つ」医者に行くと大門を出る遊女で本当の病人は百人に一人。病気を理由に遊びにいくのだ。川柳になるくらいだからよくあるテ。

参詣や病院へなら郭の出入りは出来たのだ。逃げるなら、その時がチャンス。だが、遊女の大部分は、ここでしか生きられない女たちなのである。そう簡単に逃げたりはしない。逃げても行く先がない女性がほとんどとみるべきだ。

遊女たちを、「あわれ駕籠《かご》の鳥」と観念的に決め付けて同情するのは、下層社会の実態を真に理解していない人（しようとしない人）だからである。それはひもじさを知らない幸福な環境に暮らす人の、高みに立った視点。一種の差別の視線でもある。そう言い切っておく。

五十間道も見返り柳も陰陽師の呪法

◇五十間道が曲がった理由

遊廓街は日本堤に隣接して造ることを許されていなかった。これは悪所を一般社会から隔離するという極めて分かりやすい観点である。だから、沼地の中に浮島のように街を造成し、日本堤から渡り廊下のような道を造った。五十間道といわれる道だ。

この五十間道が直線でなく、三曲がりしているのは、「上様が鷹狩りに来た折に、色街が見えては恐れ多いから道を曲げて直には見えなくした」と言われているが、これも後年の後付け話だと断定できる。

遊廓街は日本堤より3〜4メートルも高い台地に建っている。道などいくら曲げても坂の上に遊廓街がまともに見える高さだ。遊女屋の家々が上様を見下ろしている。それこ

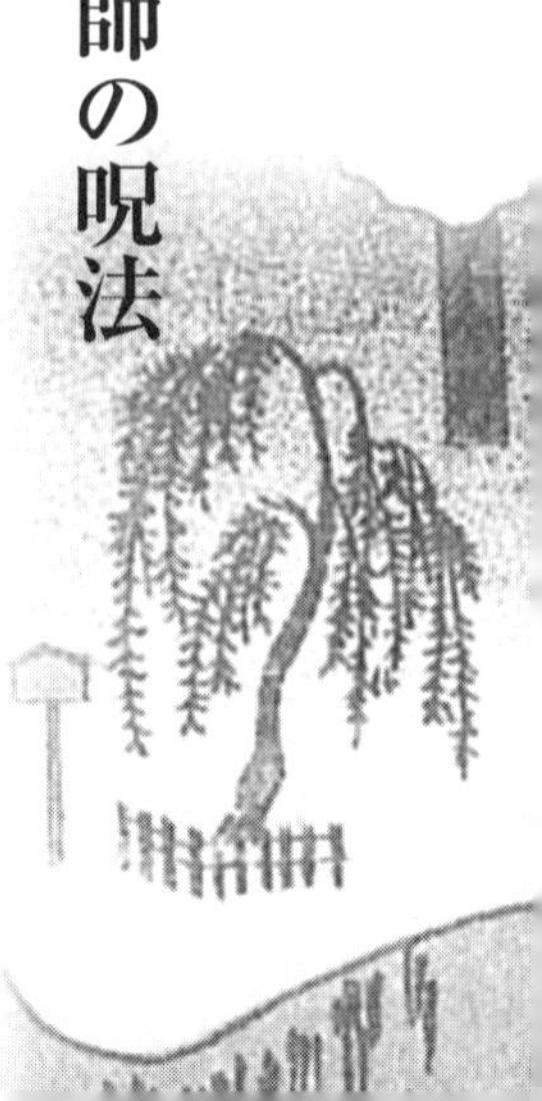

そ恐れ多いことだろう。

五十間道が曲がっているのは別の理由に違いない。さて何だろう。

最初縄張りの節、大門より土手迄直に道を付候得共、備前守様御指図により道を三曲りに作り申候（『新吉原由緒書』）

工事の当初は道は真っ直ぐに造るようになっていたが、備前守（南町奉行・神尾備前守元勝）の指図があって三曲がりの道に変更した、との記載である。

真っ直ぐな道をわざわざ三つのカーブがある変形した道にするには何か理由がなければならない。「上様が遊廓を…」の説は全く違うことは述べた通りだからそれ以外だ。

するとこういった場面が浮かぶ。

明暦3年（1657）4月の縄張りの時であ

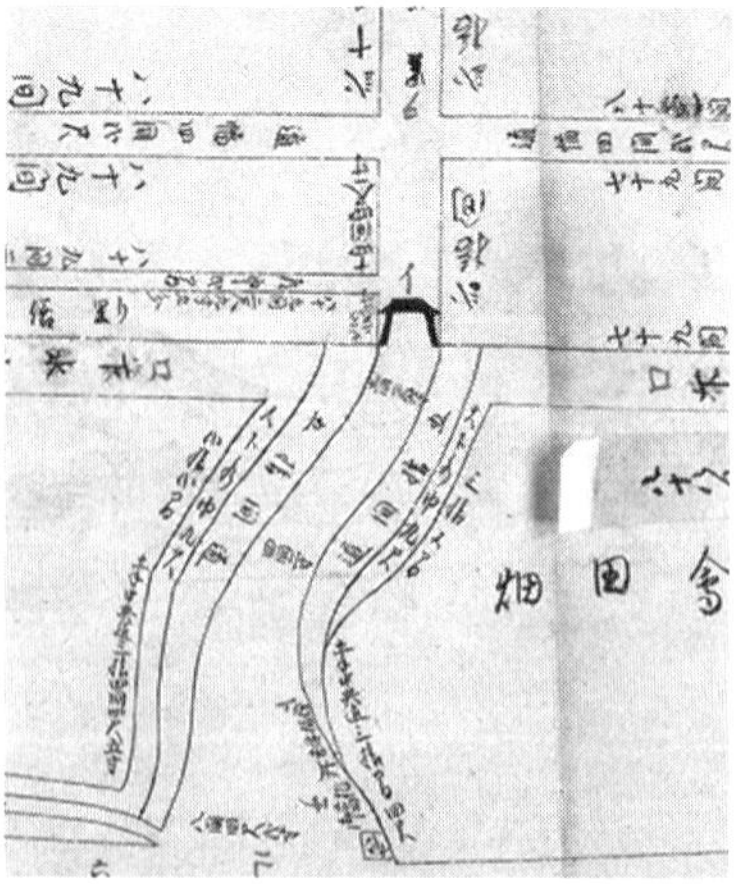

五十間道。陰陽道歩行法に基づき曲線化。北斗七星を連想すればいい

る。神尾南町奉行、石谷北町奉行、曽根勘定奉行の三奉行が移転地の視察に来た。この荒れ地のどの辺りのどこまでを遊廓街にするかを決定し指示するためである。三奉行の側には陰陽師宗家の土御門泰重がいた。土御門は工事全体のお目付役の立場。さらに地鎮祭などの神事も受け持つ。同席は当然である。

奉行が土御門に訊くのは、区画や街路、入口（大門）の位置などの吉凶である。

遊廓の建設場所の大凡《おおよそ》が決まると奉行が土御門に向かい、こう言った。

「堤より遊廓街に人が直《じか》に入れぬよう大きく距離を取りたい」

「ならば三十間ほど田圃にいれましょう」

と土御門が答える。さらに土御門は、

「遊廓街に通う道は直線ではいけません。陰陽道の歩行法、禹歩《うほ》・反閇《へんぱい》に基づいた曲がったものにします。これにより悪鬼を避け、悪星を踏み破り、吉意を呼び込むことでしょう」。

そう言うと土御門はおもむろに陰陽道の呪文を唱え始めた。

そして遊廓街への三十間（約54メートル）の渡り廊下のような道は、陰陽道の呪法に基づき、北斗七星を模《も》した曲がりくねった道になった。曲がることにより道の長さは五十間（約91メートル）に伸び、五十間道と呼ばれるようになったのである。

禹歩《うほ》・反閇《へんぱい》（返閉・反陪とも）とは、陰陽道に基づく特別な足の運びで、この歩行法により悪鬼、悪霊を避けることができるという陰陽道の星辰信仰《せいしんしんこう》（星に象徴的意味を付与し、尊崇する信仰および儀礼。たとえば北極星を菩薩として神格化した妙見信仰、除災と延命を祈願する北斗七星法などがある。＝大辞林）の上に立脚した呪法である。

極めて特殊な歩行法にみえるが現代でも神官が階段を昇る歩み、歌舞伎舞踊の乱拍子《らんびょうし》ノ舞や三番叟、猿楽などが反閇の足づかいを踏襲している。また相撲の四股にもその淵源《えんげん》があるという。

『陰陽道関係史料』（詫間直樹氏 高田義人氏）に依ると、「これは陰陽道の呪法として重要なものの一つで、貴人の出行などのとき邪気を払

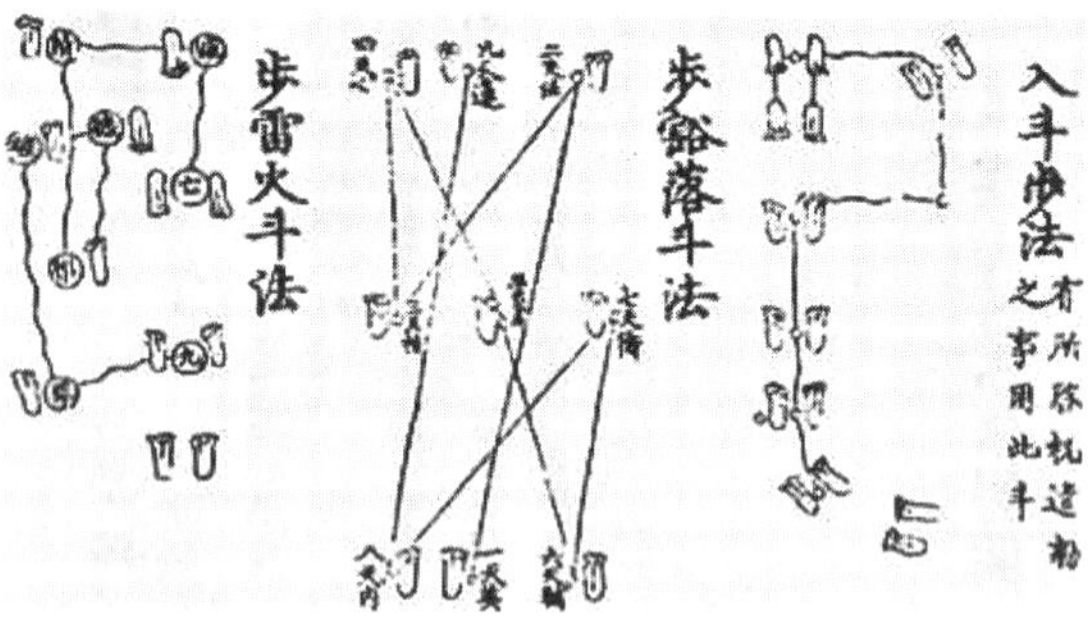

反閇の歩行法の一例　陰陽道の「反閇作法と九字」（『太上助国救民総真秘要』）　歩行法などについては『抱朴子』＝葛洪（こうきょう）の著書に詳しいことなど、「禹歩・反閇から身固めへ」（深澤瞳著）を参考にした。なお、掲出の図の典拠は中国の哲学書『太上助国救民総真秘要』に書かれたものというが筆者はまだ確認できていない。この図は研究者各氏のＨＰに公開されているものの写しである。

い、正気を迎え、幸を招くものである」という。

伊勢貞丈の『貞丈雑記』（江戸時代の有職故実書。武家の有職に関する事項を三六部門に分けて記したもの）には次のように書かれている。

「反閇と云は神拝の時する事也。陰陽師の法也。三足の反閇、五足のへんばい、九足の反閇などゝてあり。（略）」。

この伊勢貞丈がその足運びを三つに分けてまで解説している記述から、反閇は陰陽道の呪法として江戸期には知られているものだったことが分かる。

陰陽師の研究者・深澤瞳氏は「反閇（禹歩）は古代中国に淵源をもつが陰陽師の行なう呪術作法として占有化され、日本においては、陰陽師が先導し、対象者は陰陽師の足跡をなぞってい

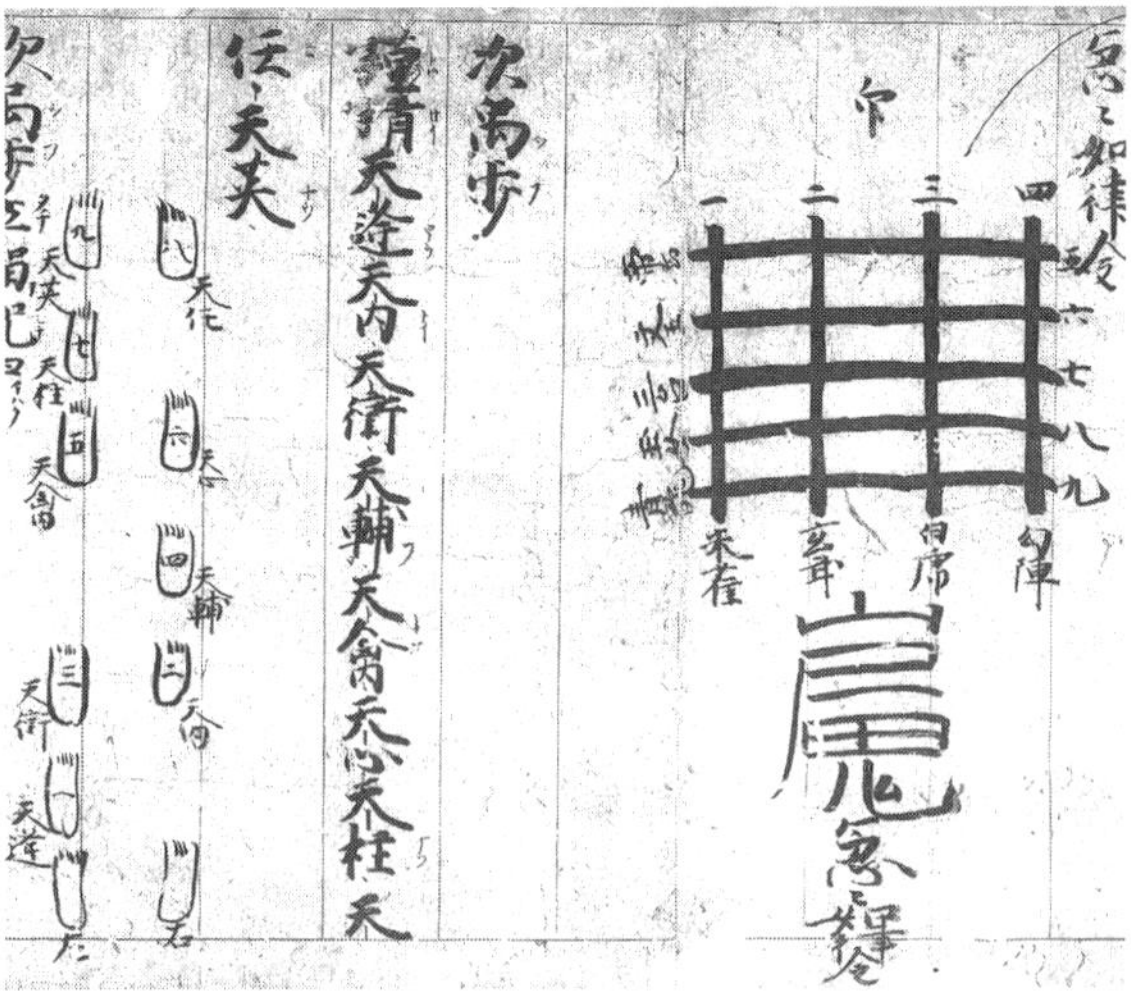

陰陽師の反閇法。２６の反閇作法の秘伝書（一部）。寛永３年（*1626*）に土御門泰重が記し「不可有他見者也」（他人に見せてはならない）として代々、秘伝されていたもの。泰重は本章で書く新吉原建設時代の陰陽師宗家の当主。
＝国立民俗博物館蔵

くことで呪術を完成させていた（『禹歩・反閇から身固めへ：日本陰陽道展開の一端として』大妻国文）」と述べている。

これら各氏の資料から禹歩・反閇は当時、決して特殊なものでなく、識者のみならず市井の人々にも認知されていたものと思える。そして新吉原建設に陰陽師が関わっているのだから、この陰陽道の呪法があらゆるところに用いられていて当然であろう。

五十間道の形を反閇の法則に従うように指示した土御門。今度は日本堤から五十間道に入る所に柳を一本植えさせた。それにより結界《けっかい》をつくり、この柳の木を社《やしろ》として悪鬼を防ぐのである。この「見返り柳ならぬ陰陽師柳」のことは112頁で詳しく書いた。

五十間道の「上様云々」の後付け話や、「見返り柳」の後付け話など、吉原にまつわる話は講談的で実におもしろいが、嘘が多い。まぁこれは、拍子木までも嘘を打つ吉原だから目くじらを立てるつもりは、まったくありませんがね。

◇花魁道中の花魁の歩行も陰陽道から

もう一つ付け加えておきたい。

新吉原になってからできた（あの形になった）花魁道中《おいらんどうちゅう》。花魁の外八文字という変則な足の運び。あれも陰陽道の歩行法、禹歩《うほ》、反閇《へんぱい》から来たものと睨んでいる。確かなエビデンス（証拠・根拠、証言）を入手できないのが残念だが、花魁の、あのへんちくりんな歩き方はどうみてもノーマルではない。何か理由がなければ生まれない。

花魁が妓楼（遊女を抱える店）から揚屋へ出向く道行きを花魁道中と呼ぶ。これは元吉原時代からあった説、京の島原で誕生した説もみるが、どれもそれこそエビデンス不足。はっきり言えることは新吉原になってから華やかな吉原名物として定着し、揚屋がなくなったら当然のように消滅し、その後、イベントとして復活、今も生き残っているものだ。

さて新吉原初期の花魁道中の花魁の「外八文字」といわれる歩行法。その運びは、足は外を回って、高下駄は地面に八の字の形で置かれる。傍らをエスコートする「肩貸し」といわれる男衆の助けがなければ転んでしまう全く無理な歩き方だ。

これは前頁に掲出した「陰陽師の反閇法」に添ったものとみて何の違和感もない。もし、それではない

花魁の「外八文字」

とすると、あのへんちくりんな歩行法はいったい何に基づいたものか、その意味すら説明できないだろう。

これは花魁が揚屋で待つ客の許に向かう際、その客が悪い人でないようにと願い、恙《つつが》なくお座敷をこなせるようにと祈る、呪文に似た歩行法なのである。これが反閇でなければ何なのだ。この歩行法を伝授したのは陰陽師に決まっている。

◈ありんす言葉の源流はどこだ

さらに「ありんす言葉」（郭詞《くるわことば》・吉原言葉）を誕生させたのも陰陽師である——、としたいのだが、これは暴論気味になるので子細まで踏み込むのは、ここでは止めておく。だが、あの言葉は自然発生的に生まれたものでは決してない。ちゃんとした指導者がいて教えたものだ。遊女たちに舞踊や書画、古典や和歌を手ほどきするように教えたものでなければ、ここまで徹底はしない。

新吉原の初期、遊女は二千人ほどいた。さらに遊女見習いの禿《かむろ》は九百人ほどいた。それらを百軒を超える遊女屋がそれぞれ個別に雇っている。遊廓というくくりでみれば同じ吉原の遊女だが、店（雇用主）が違うのだから一方では商売敵だ。さらに彼女たちの雇用形態や生活環境もバラバラだろう。まして遊女同士の交流など考えにくい。

そんな遊女たちがすべて同じ言葉を使い、同じ口調で話していたのならば、吉原の全ての遊女屋を横断できる立場の指導者がいなければ無理だ。あったとすれば、まさに大きく強い権力に似た力が働いていなければ成し得ない。つまり官許の遊廓に「ありんす言葉」を使うように指導し徹底させたのは官・奉行所でなければ成し得ない。ならば、その言葉の発案者・指導者は新吉原開基の先頭にいた陰陽師しかないだろう。

『守貞謾稿《もりさだまんこう》』（江戸中後期に書かれた江戸風俗史の基本文献）は、「ありんす言葉」は田舎から出て来た遊女の方言を隠すために作られたものと解説している。それは『北女閭起原《ほくじょりょきげん》』の同様の説を踏まえたものだろうが、「ありんす言葉」の発生や基礎的な部分、例えば、「ありますう」を「ありんす」、「します」を「しんす」とした原点は何で、その指導は誰がどのようにしていたのか？　などには全く触れていない。

そんな「ありんす言葉」について多くの識者は、やれ奴（侠客）言葉だ、やれ京・島原言葉だ、と言いたい放題である。

ユニークな論陣を張るのは式亭三馬（江戸時代後期の作家で薬屋、浮世絵師。滑稽本『浮世風呂』が有名）。この言葉は、「おいらんだ国」、「ありんす国」の言語だとして笑い飛ばしながらも、著書『儒者の肝つぶし』

（文化3年）に真面目顔で「亜利牟須《ありんす》の詞《ことば》」を紹介している。それも奇っ怪な横文字を披露し、これがアリンス語だと言わんばかりである。

さすが三馬。その機知に富んだ遊び心に翻弄されるのも口惜しいが紹介しておく。

上の二行。シッタ《知った》カヨウ　ナン《何》ザンスエ。下の三行はご興味があればご自分でどうぞ。

しかし三馬の発想力には目をむく。「ありんす言葉」を「アリンス国語」として横文字で書いてみせた。これを三馬が書いたのは文化3年（1806）。外国といえばオランダの時代。三馬は蘭語、

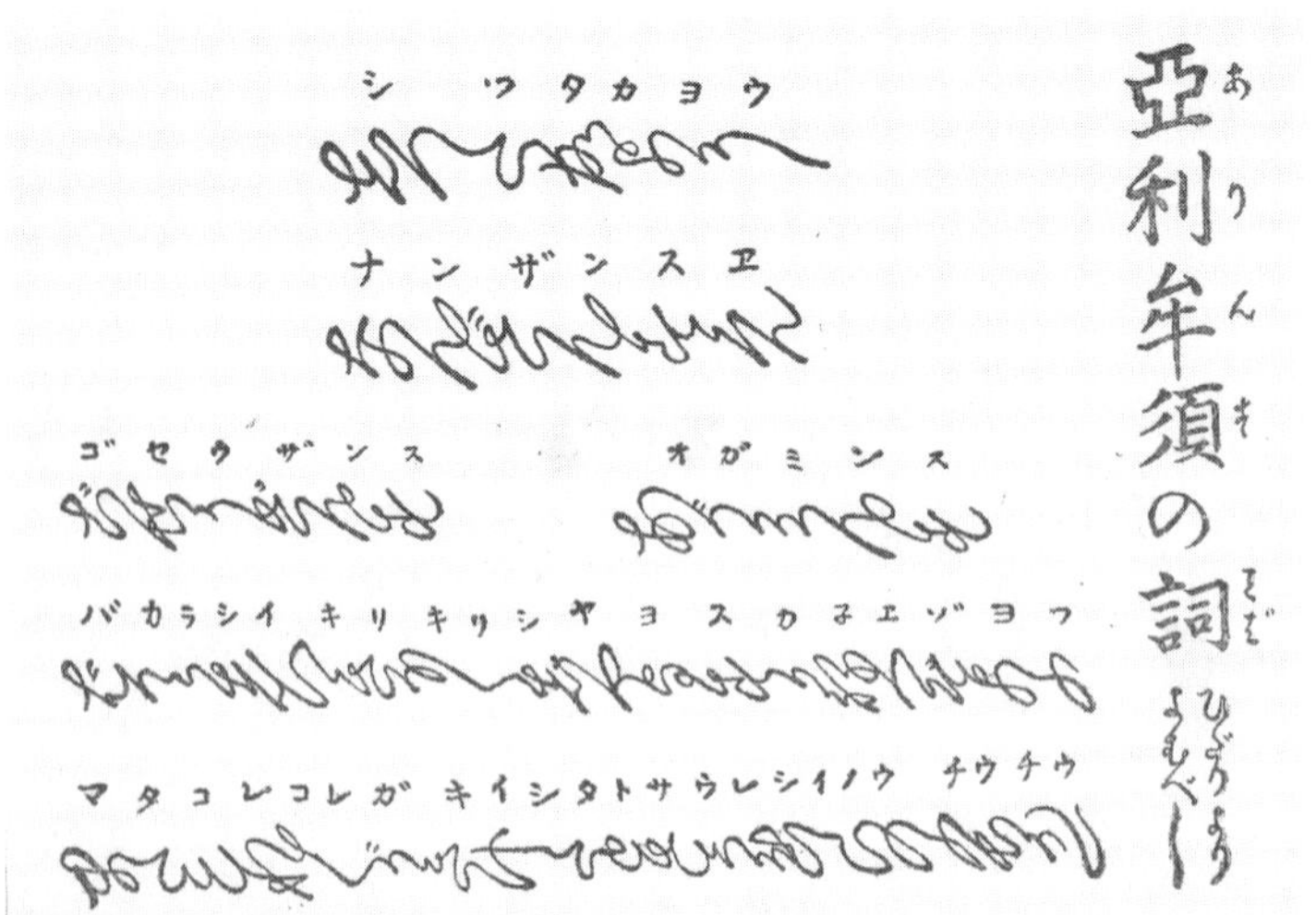

『儒者のきもつぶし』式亭三馬著にアリンス語が書いてあった。むろん三馬らしいパロディーだが、真剣に読みたくなる。「ひだりからよむべし」との但し書きもある。

蘭学にも興味を持ち、原書も持っていた、と思わせてしまう。だが、一般にはほとんど外国語が知られていなかったことも但し書きで分かる。「ひだりからよむべし」。これがないと人々は横文字を右から読む。そんなレベルだったことも分かり、楽しい。

宮武外骨《がいこつ》が『アリンス国辞彙《じい》』（半狂堂）を著して一家言《いっかげん》を展開する。美装の和本で百頁がすべてアリンス国についてだ。その本気度は半端ではない。外骨は明治、大正期に刊行され、辛辣な時事批評に加え、市井の下世話なネタも採り上げて人気のあった『滑稽新聞』の発行・編集人である。筋金入りのジャーナリストで社会風刺家。そのやぶにらみ的評論は面白く、筆者は彼が大好き、かつ、大嫌いな人物である。

アリンス言葉について外骨は、「島原詞が吉原に移入されたのは明白」と断定するのだが、その例は、島原詞の「おざりんす」が吉原で「ありんす」に変じた。「来さんしたか」、「早ういなんし」など島原詞の言い回しが吉原に伝播《でんぱ》したという、よく聞く論の引用ばかりで外骨独自の発想はないようだ。さらに、「古い吉原本、寛文の『吉原讃嘲記』、延宝の『吉原恋の道引』『吉原大雑書』等に遊女詞が見えない。万治の『吉原鑑』は、通者と遊女の問答体に記したものであるが、それにも遊女の口語は総て「侍《はべ》る」式で、吉原ナマリと見るべき言葉は一語もない」とこぼす。さすがの外骨も「ありんす言葉」には手を焼いている様子だ。

もし彼に「陰陽師説」を伝えることができたら、飛びつくだろう。もとより京の町は安倍晴明ら陰陽師が陰陽五行説を基にして構築したものといわれているのだから、すべてのもののキーワードに陰陽師が当てはまるはずだからだ。

『江戸の女ことば』（杉本つとむ著）はとても興味深い本で、江戸の女ことばのみならず言葉の文化史を教えてくれた。同書に「アリンス詞の世界」があったので飛びついた。質の高い内容で、かなりの数の古典籍や草子から郭言葉、島原詞、吉原詞を抽出し、その接点を見つけ出し、アリンス言葉の実態を探り出そうとしている。そんな労作なのだが、やはり、アリンス言葉の源流には辿りついていない。

思うに、「アリンス言葉の源流は島原詞」を出発点としていること。また、方や数百年の間に何度も何度も変化している里言葉、郭言葉。その二つに明確な整合性を見つけようとするのは土台無理があるように感じた。日本を代表する言語史研究者の杉本つとむ氏も「それらの実体はなかなかつかめません」と言うしかないようだ。

「アリンス言葉の源流探し」に対し大きな壁になっているのが井原西鶴のようだ。多くの研究者は西鶴作品に登場する遊女の話言葉の断片や語尾を郭言葉のお手本としているからである。西鶴が島原や吉原を見聞したのは貞享から元禄の頃。その時点での郭言葉の比較はできても年々変化を重ねている里言葉の源流には遠いはずだ。

しかし、何と言っても近世文学の規矩たる西鶴だ。杉本氏にしても「西鶴が指摘しているように島原詞が源流であるとするのが妥当」と西鶴には逆らわない。

他の論文や歴史書のようなものも散見したが、多くは「吉原詞は島原詞の変形」という固定観念のもと、予定調和のように論説は島原に戻ってゆく。どこか掴みが誤ってはいないかと思う。それは「郭言葉」ばかりでなく、「五丁町の形」も「遊女の階級や呼称」も「花魁道中」も、吉原のものはすべて島原がお手本。島原の真似、という説が定説のようになっていて大いに幅を利かせているからだ。

ならばと島原遊廓をざっと調べてみた。

この遊廓は室町時代に誕生した日本初の公娼地という。だが、その地は今の島原ではない。そこは京の二条にあって秀吉時代には「二条柳町」と称していたようだ。その公娼地が現在地に移転し、初めて「島原」と名乗ったのである。それは元吉原開基の二十三年後の寛永18年（1641）のこと。もし吉原が京の公娼地をお手本にしたのなら、島原となる前の花街・二条柳町だったことになる。そして吉原詞が島原詞なら「二条柳町詞」を探求しなければならないわけだ。

二条柳町と称する公娼地は二条万里小路第《にじょうまでのこうじだい》にあったという。現在の京都市中京区御池高倉通り上ルだった。地図を広げて、「この辺りが花街だったのか」と眺めていると、何と何と、お隣に晴明町があるではないか。安倍晴明を祀る晴明神社のある下京区晴明町の他、ここにも晴明町があった。

これをもって旧島原（二条柳町）は陰陽師・安倍晴明と関係あり！　とは言わないが、どうも切っても切れない何かを感じる。さらに言えば、京の町と江戸の町。その両方に関わっていたのは陰陽師である。だから二条柳町のものを吉原に導入したのは陰陽師なのだ、とも言えよう。

◇新吉原の町に残る陰陽道の形跡

「見返り柳」も「五十間道」も「花魁道中の歩行法」も陰陽師の呪術に基づいたものだ

と述べた。むろん仮説だがそれなりに的を射ていると思っている。

江戸時代には様々な流れの神道があったようだが、安倍晴明を祖とする「土御門神道」（江戸時代の神道の一派。陰陽道と神道を習合したもの。土御門家（安倍家）が垂加神道により神道行事を取り入れたのに始まる。安倍神道。安家神道。天社神道。＝大辞林）が皇室や幕府に深く入り込んでいた。現代にも続く神道の祭祀や行事の呼び名などでそれが窺える。

新吉原建設に対しても計画の当初から陰陽師が関与していたことは間違いない。ここは確信している。ならば陰陽師が関わっていた形跡がどこかにあるはずだ。

あえて蛇足を書くが、陰陽師は将軍家の側近にあってさまざまな儀式、祭祀、祈祷を行う職責にいた。家康の江戸入府にも陰陽師宗家・土御門久脩《ひさなが》が同行し、また、江戸建設にあたり多くの儀式を行っている。

明解な例が家康の江戸入府の日、「江戸打入り」と言った日である。これは天正18年（1590）8月1日。庚寅《かのえとら》の「八朔《はっさく》の日」。この日を選び抜いて江戸入りを勧めたのは紛れもなく久脩である。家康が東国の未開の地、江戸を抑えることを念じて久脩は、五行相剋《そうこく》（水・火・金・木・土の五つの根元要素が互いに力を減じ合い、水は火に、火は金に、金は木に、木は土に、土は水に勝つという陰陽道の思想）の「金剋木《きんこもく》」の呪術の意味を込めて「庚（金）剋《かつ》→寅（木）」、即ち、家康は大木を切り倒す金属の斧の様であるべしと、この日を選んだのである。

この「八朔」は江戸時代を通して徳川幕府の最も重要な儀式となり、全大名が揃って登城して、白帷子《しろかたびら》に長袴で将軍に祝辞を述べる日となった。また、大奥も特別な紋日として華やかに祝っている。

吉原にとっても八朔の日は特別の日である。遊女は白無垢を着て客を迎えている。また、仲の町通りでは白無垢姿で花魁道中をするなど、まさに特別の光景が見られる日であった。これは吉原が江戸城の武家の様子を真似た、等と言われているが、それは陰陽師の影を見失っている人の見解であろう。なお、江戸の町人の間には八朔を祝うという特別な習慣はない。八朔の日は家康ゆかりの武士と吉原の祝日なのである。

もう一つだけ。久脩は、慶長8年（1603）、家康の将軍宣下に際しては天曹地府祭《てんそうちふさい》（天皇や将軍の交替という国家の大事にも行われる重要な儀式）を七ケ夜行い、つづいて慶長10年（1605）の秀忠や、元和9年（1623）の家光の将軍宣下の際にも同様に天曹地府祭を行っている。新吉原建設の頃は久脩の子、泰重《やすしげ》が家光の側にいたようで久脩同様、様々な祭祀を行っている。

このように重大な政治の動きや大きな普請は、まず陰陽師の祭祀や祈祷から始まっているわけだ。だから、幕府主導で初めての土地に「悪所」を新設する新吉原建設に陰陽師が関わらないわけはない。それどころか建設の先頭に立っていたはずだ。その関わった跡がどこかにあるに違いない。

そこで新吉原の町を俯瞰《ふかん》してみた。するとあるではないか、あるではないか、まさに陰陽五行の形跡があった。

町の四つの隅と入口に稲荷神社が建てられている。これらは元吉原にはなかったもの。新吉原になってから祀られたものである。

遊廓の入口、五十間道に吉徳（玄徳）稲荷社①。大門から見て右、江戸町の隅に榎本稲荷社②。それより反時計回りで京町一丁目の隅に開運稲荷社③。京町二丁目の隅に九郎助稲荷社④。そして伏見町の隅に明石稲荷社⑤である。

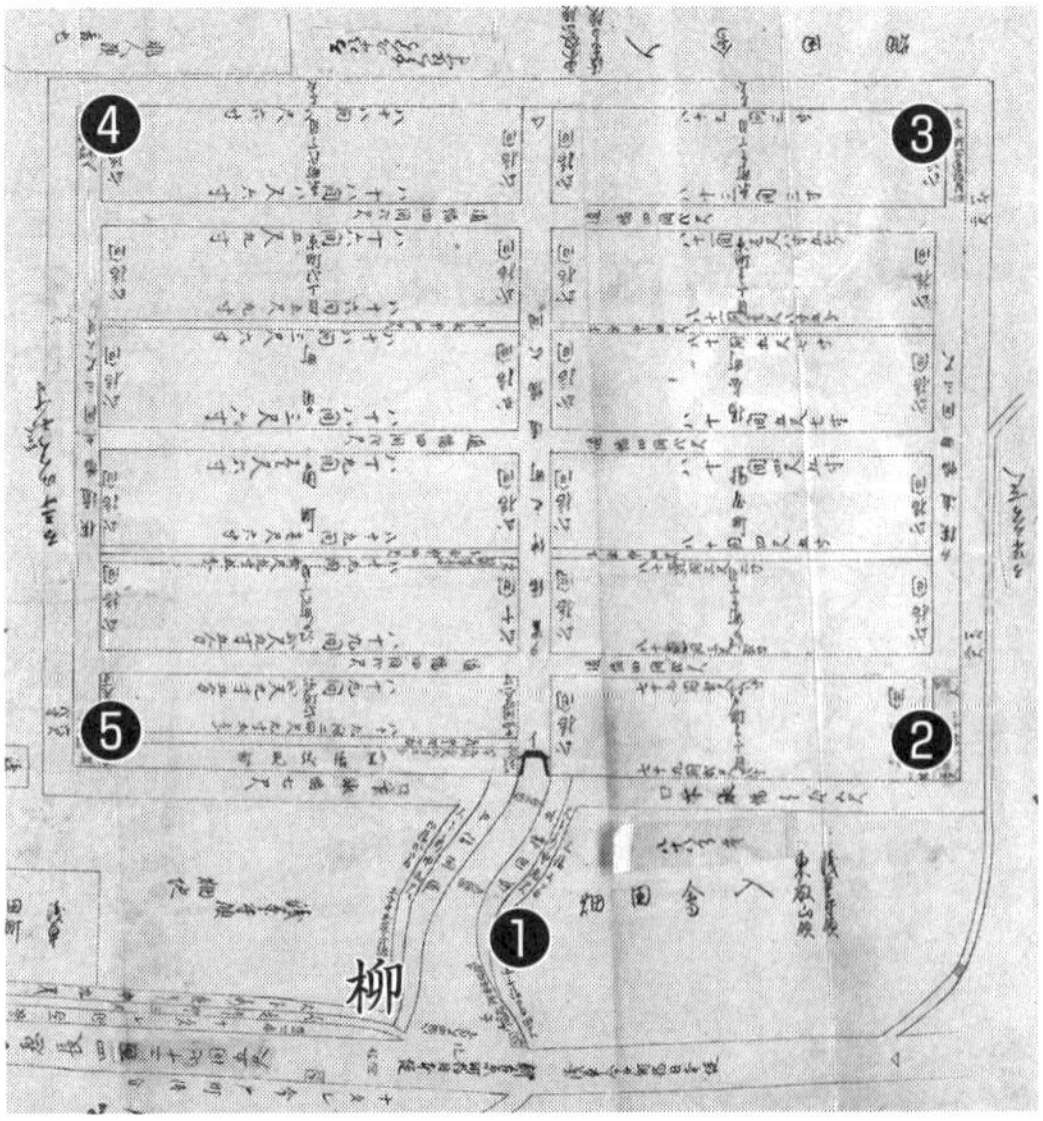

新吉原の図・きれいに五行・五方に神社が建つ
（国立国会図書館）

これは何を意味しているのかは言うまでもない。お馴染みの陰陽《いんよう》五行の相関の形である。また、この五つの神社を星に見立て五十間道を含めて俯瞰すれば、これはまさしく北斗七星の形になる。

陰陽五行の始まりは天文学にある。木・火・土・金・水の陰陽五行はこれらの基礎中の基礎。また、陰陽道では北斗七星は邪悪なものを打ち払い、国を守る力があるとされている。安倍晴明も北斗七星を身を守る剣としてこれを大切にしていたという。

五行・五方・陰陽の図
世のすべては陰と陽。そして五行・五方の関係と説く

「悪所」を浅草田圃に移し新設するにあたり陰陽師は、陰陽道の最高の論理、最強の呪術を駆使したのは当然である。その結果、町全体を陰陽五行で造りあげ、そこに襲い来るであろう邪鬼を北斗七星で守る形のものが完成したのであった。

吉原の町を守る五つの星とする神社は稲荷社である。それは他のものではいけない。狐を神の使いとして祀る稲荷社でなければいけないのだ。

それを裏付ける伝説がある。安倍晴明の生母は白狐だったというのだ。

　こんな話である。

　摂津国阿倍野に住む安倍保名《あべのやすな》が和泉国信太《しのだ》の森の葛葉稲荷に日参していた。

　ある日のこと、保名は数人の狩人に追われた一匹の白狐を助けた。しかし狩人と争う際に手傷を負ってしまった。そこに美しい娘が現れ、保名を介抱して家まで送りとどけてくれた。娘は「葛の葉」と名乗った。葛の葉が保名を見舞っているうち、二人は恋仲となり結婚。童子丸という子供をもうけた。

　童子丸が五歳のとき、葛の葉の正体が保名に助けられた白狐であることが思わぬことか

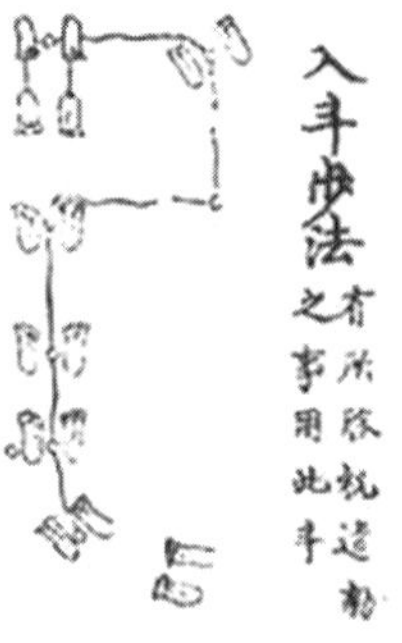

禹歩・反閇の説明図

京都・晴明神社の「晴明井」の前に北斗七星。水を守る意だろう。

大阪・安倍晴明神社の晴明像。足元に白狐

ら知られてしまった。母が狐では童子丸の将来によくないと、葛の葉は縁側の障子に、「恋しくば尋ねきてみよ和泉なる信田の森のうらみ葛の葉」の一首を書き残し森に帰っていった。

保名と童子は信太の森に行き、母を探し歩く。森の奥、一匹の狐が涙を流してじっと二人を見つめていた。それに気づいた保名は、「その姿では童子丸が怖がる、もとの母の姿になって戻っておくれ」。

葛の葉は池の水に自分を写すと、たちまち人間の姿に戻った。

そしてこう言った。

「わたしは、この森に住む白狐です、危ない命を助けられたやさしさにひかれ、お仕えさせていただきました。しかし、ひとたび狐にもどった今、もはや、人間の世界にはもどれません」。

とりすがる童子丸を諭し、形見に白い玉を与え、ふたたび狐の姿となって森の奥へと消えていったのである。

この童子丸こそ、やがて成人して陰陽道の宗家となった安倍晴明だと語られている。この話は、葛の葉を主人公として人形浄瑠璃や歌舞伎にもなっている。

安倍晴明は、延喜21年（921）から寛弘2年（1005）に活躍した実在の人物である。彼は天文学や地理学に精通した科学者であり博士である。しかし別の一面もあった。人々は晴明を式神という鬼神をあやつり、様々な霊と対話ができる神に近い存在としてもみていたのである。

天文博士の姿と、神格化、神秘化された姿との二面性を持ち、その両面が人々に受け入れられていたのである。

京都の晴明神社の壁面にも伝説が記されている。

○

この章では陰陽師と吉原の関係について検証した。「五十間道」や「五箇所の稲荷神社」など、町のつくりには陰陽五行の証しがみえる。「見返り柳」や「花魁の歩行法」も陰陽道で説明できる。

新吉原は陰陽師がつくった町なのである。

善七と非人小屋

◇車善七ら非人たちの尽力と褒美

さて、見事に新吉原建設地は造成された。決め手は大火の瓦礫の再利用であった。お疑いになる方があれば、この地を掘ってみるといい。そこからは、「焼けた土や炭化した木材、高温のため赤く変色したり、変形した瓦などが大量に」見つかるはずだ。「飯田町遺跡」（134頁に詳細）のようにである。

明暦3年8月初旬、その浮島に家屋も建ち、遊廓が完成した。

繰り返すが、この建設チームの影のリーダーは石谷貞清北町奉行。そして普請技術に長けた陰陽師が総指揮を執り、重要な工事箇所には知多の黒鍬衆が六組、百五十人ほどが配置。そして土工、運搬は車善七配下の半分の約一千数百人が担った。これだ

けのマンパワーがあれば三町四方の埋め立て造成も二、三ケ月で可能だろう。少し離れたところに松本清十郎が立っていた。清十郎は施主の立場だ。そして折々に千賀志摩守の使いがやって来る。

こう仮定すると全ての説明がつく。

善七組の非人たちはがんばった。乞食など非生産的なものではなく、この仕事は正真正銘の生産活動である。彼らは生きがいすら得ていたはずだ。

造成工事に関わる非人たちは、埋立地のすぐ隣に飯場を建て、そこで寝食をしていた。新吉原が出来てからも善七らはそこに住み、やがて貢献を認められる形で、その千坪の土地を幕府から貰うことができた。次頁の図の「非人」と記された場所である。

ここに石谷の力が働いていたことは言うまでもない。

その善七の土地を再確認するため、『江戸切り絵』の吉原近辺を再び検証したい。四角に区画された吉原遊廓街。この形はこれより四百年経った今も変わらない。その左の角の外にコブのように出っ張っている一画がある。この絵図には「非人」と記してある土地。ここが善七たちの家である。土地の大きさは京間で間口二十間（約40メートル）、奥行が四十五間（約88メートル）。面積は3520㎡、坪数で約一千坪である。

この土地を善七に下げ渡す書面が幕府から出たのは新吉原開基の十年後の寛文7年（1667）2月だが、その日に善七たちがここに引っ越して来たのではない。遊廓の建設中からここに彼らが寝泊まりする飯場があり以降十年、ここで暮らしていたとみて間違いはない。工事だっていきなり終わらない。建設工事が続いていたと考えてもいい。ずっと彼らはここに住んでいたのだろう。

このような吉原遊廓に隣接した場所に一般人の目からは見苦しい非人溜をなぜ置いたのかについて塩見鮮一郎氏は、「吉原でうつつを抜かしている武士や町人に、気をつけないと身を持ちくずす。身を持ちくずすと非人に転落するぞ、と「（見苦しい非人を見せ）放蕩をいましめた」との「教育的な配慮」だと言うが、畏敬する塩見氏にしては珍しい眼鏡違いじゃないだろうか。幕府にはそんな優しさはない。そこは、たまたま遊廓建設の飯場だったのでそのまま非人小屋にした。悪所はできるだけ集めておく。そんな合理的な事情だったはずだ。

また、真に書きにくいが重要な視点なのであえて書く。

傾城屋は賤民階級（亡八）に落とされた。その階級の支配者は善七ら非人頭。だとすると傾城屋たちへ睨みを効かせるために善七の家をここにおいた。そんな仮説も成り立つはずだ。

江戸中期には、この土地に隣接して「浅草溜《だまり》」が造られた。掲出の絵図にある「溜」である。これは非人を収容する施設（寮）で善七が支配している。

この浅草溜は明治5年（1872）、新政府の「賤民等解放令（略称）」により閉鎖されるまで二百年余、変化することなくここに存在した。吉原遊廓も同様。つまり、吉原と善七たち非人グループはこの地に寄り添いながら共存していたのである。

さらに善七は新吉原誕生で特権を得た。新吉原遊廓内でのゴミ拾いの独占権である。遊廓内に堂々と入れて堂々とゴミ拾いができるというと、何か変だが、当時の紙は貴重品。それが吉原では大量に出る。なぜ？　数千人の遊女がせっせと消費するか

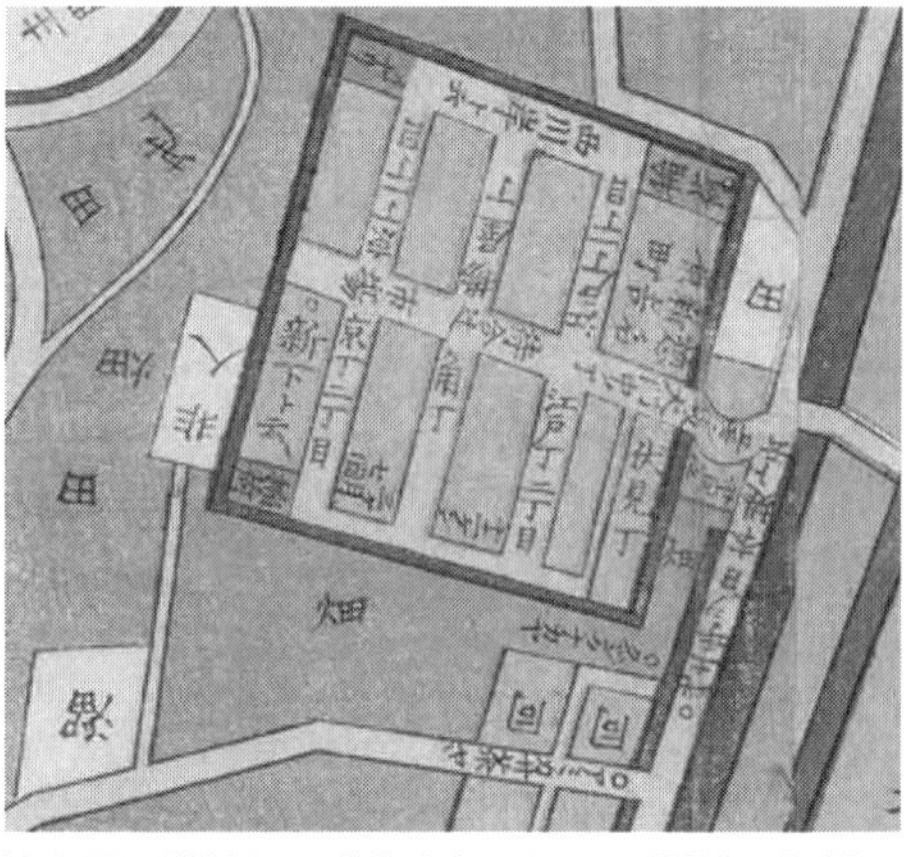

新吉原に隣接して「非人」。そして「溜」。右側は日本堤＝荒川。周囲はすべて田地＝荒地に囲まれている遊廓だった。　『江戸大絵図』（嘉永６年）

らだ。わかるでしょ。その紙屑を集めて再生。トイレットペーパーにする。善七たちのつくる再生紙は品質が良く「浅草紙」としてブランド化していた。吉原に近い山谷堀に「紙洗橋」がある。山谷堀は道路や公園になり今は川も橋もないが、その名残りの橋柱は残っていた。

もう一つ、吉原遊廓内での死者の始末は善七ら非人の仕事である。その弔いの役得として死者の着物類は貰えた。死んだ遊女の寺への「投げ込み」行為も、実行者はあわれ非人たち。但し着物は貰えた。吉原で心中があると、その遊女の部屋は布団や家具はおろか襖や畳まで処分されたという。次にその部屋を利用する客が嫌がるからだ。その処分は非人の仕事。処分と言っても捨てたり焼いたりはしない。非人の小頭などを通して古道具屋に売り換金する。この利益は大きい。

このような様々な利権を独占できた善七は、非人頭として、ますます大きくなっていくのである。

「紙洗橋」の名だけ残る

◇車善七は渥美半島の人

善七の生国は、『浅草非人頭車千代松由緒書』（天保十年に奉行所に提出した車善七の身上書。千代松とは善七の幼名）によれば、三河国渥美村である。江戸に出て浅草の大川端辺りに苦労して住んでいたが慶長13年（1608）に当時の町奉行米津官兵衛に非人頭に任命されたとある。米津官兵衛も三河国の人である。

徳川幕府の中心をなすのは三河武士。三河国出身者が数多くいて珍しくもないだろうし、あるいは同郷閥のようなものもあって「三河所縁」を名乗りたい人もいただろう。ともあれ同郷であったことは抑えておきたい。

渥美村は今の愛知県豊橋市を根っこに三河湾に突き出た渥美半島にある。その先端は知多半島と隣接し民の交流も多い土地である。なお、品川の非人頭、松右衛門もその元祖は三河出身の浪人だったという家伝である。

家康、千賀志摩守、松本清十郎、陰陽師、黒鍬衆が知多半島。そして車善七、次の章の河村瑞賢。さらには石谷貞清。新吉原開基に関わったほとんどが知多半島と半島を囲む国の男たちであることは簡単には看過できまい。

遊女について思うがままに

「吉原はこうしてつくられた」とは直接関係はないのだが吉原を語るに遊女は避けられない。本題から脱線するが箸休めのつもりでお読みいただきたい。

◇遊女発祥の地

前の章で、吉原の遊女の大部分はここでしか生きられない女たち。そう簡単に逃げたりはしない。遊女たちを、「あわれ駕籠《かご》の鳥」と観念的に決め付けて同情するのは、下層社会の実態を真に理解しようとしていない人だからだ。それはひもじさを知らない幸福な環境に暮らす人の高みに立った視点。それは一種の差別の視線である。そう言い切っておく。と書いた。

では遊女はあわれでないと言うのか、と問われそうだ。そうではない。彼女たちは

みんな、あわれな身の上である。おっと、みんなは言い過ぎかもしれない。例外的に自ら好んで遊女になった女もいるのはいたはずだ。それは身を売るのが好きな女で、そんな伝聞を集めるとかなりの数の話がある。高貴な女性が性的好奇心から遊女になった、大店の奥方が欲求不満解消のため時々夜鷹になった、というテの話である。それらは面白おかしく色事を描く艶本の延長線上の話として聞いておく。

遊女はどのようにして誕生したのか。何を読み聞きしても楽しい話はない。どれも悲惨な話ばかりだ。端的に言えば、生きるため空腹に絶えかねて身を売った、そんな話ばかり。だが、それではあまりにも惨め過ぎるので人々は遊女に身をやつす女性を美しく伝えていた。

関門海峡の最も狭いところが壇ノ浦。現在は関門トンネルが掘られている場所で歴史的には最後の源平の合戦があったところ。

合戦は平家が惨敗。平家の武将たちは次々と断崖から海に身を投げた。官女の多くも荒海に身を投げた。主人たる武将の後を追う道を選んだのである。

それから暫くして壇ノ浦の蟹は平家の武将の憤怒《ふんど》の顔に似て、見るも恐ろしい形相になった。その名を平家蟹という。また、春になると、この海峡に淡い桜色の小鯛が集まってくる。美しく気品のあるその鯛は壇ノ浦に没した平家の官女たちの化身といわれ地元では小平家《こべけ》と呼ばれている。

ところが美しい鯛にはなれず生きる道を選んだ女性も多くいた。死にきれなかった女たちだ。幼い子を持つ女や故郷に親兄弟を残す女たちもいた。彼女たちは生き抜くため当初は小道具など持ち物を売り、やがては着ていた着物を売り、そしてついには春を売ったのである。

この地が遊女発祥の地といわれている。

遊女発祥の地というと室津《むろづ》をあげておかないと異議が出そうだ。

室津は今の兵庫県たつの市。瀬戸内海の古い湊町である。ここは平安期の歌人、大江匡房《おおえのまさふさ》の『遊女記』や法然上人の「法然上人説話」に遊女のいる湊町として書かれているのだから歴史的にも大切なものがある土地なのだろう。

法然上人が讃岐へ流される建永二年（1207）、室津の港で遊女に出会う。遊女は友君と言い木曽義仲の側室・山吹御前であった。彼女はやむを得ぬ事情で遊女になったが、その罪深きを嘆き法然に救いを求めた。法然は、ひたすら念仏を唱えよと諭した。そして、

仮そめの色のゆかりの恋にだに　あふには身をも惜しみやはする　法然

と和歌を添えた。

和歌には「仏法に逢いては身命を捨つといへることを」との詞書き《ことばがき》。それを参考にすると、「身を売る罪も仏を信じることで救われる」との意訳を得られる。友君はその和歌を聞き、涙を流しながら念仏を唱和。そして大きな喜びを法然に伝えたという。

そんな高尚な説話を持ち出されて遊女を語られても困ってしまうが、ともあれ室津は凄いと言っておく。

さらに室津の遊女伝説は文学者がこぞって題材にしている。

列記すれば、井原西鶴は『好色一代男』、谷崎潤一郎は『乱菊物語』、平岩弓枝は『お夏清十郎』。そして竹久夢二は室津の女性をモデルに『室之津懐古』を描いている。

これだけの文豪の筆が揃えば文句のつけようがない。そして文豪の描く室津と室津の女は艶《あで》やかで悲しげな美しさに満ちている。素敵でさえある。

室津という町は艶やかな女性を連想させる何かがあるようだ。次に書く二つもその何かだろう。

「お夏清十郎」の清十郎は室津の造り酒屋の跡取り息子。しかし室津の遊女と心中沙汰を起こし店を勘当され、姫路の米問屋に奉公に出される。そしてその店の娘、お夏と知り合って……、と悲恋の物語は続く。物語の舞台は姫路なのだが、「お夏清十郎物語」のバックに漂うのは室津の花街の香りと思えてならない。単に大店の娘・お夏と手代・清十郎との叶わぬ恋の物語だけでは一つの純愛物語に終わってしまう。あの稀代の名作の底辺には多くの恵まれない悲しい女たち、つまり室津の遊女の作り笑顔が見え隠れしているのだ。

松竹映画の人気シリーズ『男はつらいよ』の名作「寅次郎夕焼け小焼け」も室津の芸者の雰囲気、心意気を描いている。マドンナは太地喜和子演じる龍野芸者のぼたん。ぼたんは艶やかで、しかし悲劇的な一面を持つ室津の女の典型にみえる。山田洋次はそこをよく知っていてこの名作を作りあげたのだろう。

物語に登場する色街の女は総じて美しく凛としている。みんながそうならば言うことはないが、遊女に身をやつす女性が幸せなわけはない。

例えば吉原。吉原の遊女のほとんどは「売られて来た娘」だ。娘たちの出身地の多くは貧しい農村。その村のさらに貧しい家で赤貧、言わば飢餓の中で生まれ育った子たちだ。年貢という納税はきちんとするが、きちんとした食事や身なりはしたことがない。それが彼女たちの家庭だった。それらは為政者の失政が原因なのだが、それを批判するすべもなく、空腹に絶えかねて娘を売るのである。この極貧農村が近代まで日本の下層階級の中心であり、遊女の最大の供給源であった。

子を売る行為は古代から絶えることなく続いている。歴史を遡《さかのぼ》ると『日本書紀』に子を売る記載があって、それが最古だという。（引用・日本古典文学大系の『日本書紀』岩波書店）

下野国《しもつけのくに》司《のみこともち》奏《もう》さく、所部《くにのうち》の百姓《おほみたから》、凶年《としえぬ》に偶《よ》りて、飢《いひう》ゑて子《こ》を賣《う》らむす、而《しか》る
を朝《みかど》聴《ゆる》したまはず

下野国（現栃木県）の国司が「百姓が凶作で飢えてしまったので、わが子を売ろうと

しています」と奏上するが、朝廷はこれを許さなかった。「天武紀五年五月の記」(676)の記述である。子を売るのを許可しなかったのだから、これはなかなか立派なのだが、それからわずか十五年後の持統天皇五年(691)に朝廷は前言を覆《くつがえ》し、子を売ることを認めている。

若《も》し百姓《おほみたから》の弟《おとと》、兄《このかみ》の為めに賣《う》らるること有らば　良《おおみたから》に従《つ》けよ。若し子、父母《かぞいろ》の為めに賣られなば、賎《やつこ》に従けよ。若し　貸倍《こりもののこ》に准《なぞら》へて、賎《やつこ》に没《い》れらむ者は、良《おおみたから》に従けよ。其の子　奴婢《をのこやつこめのこやつこ》に配《たぐ》へて生《う》む所と雖《いふと》も、亦《また》皆《みな》　良《おおみたから》に従《つ》けよ。

「良」は「おおみたから」と読み、「良人」すなわち「平民」のこと。「賎」は「やつこ」と読み「賎民」である。「奴婢」(どひ・ぬひ)の奴は下男、婢は下女、ともに召使いのこと。

文意を拾えば極めて難解だが、「百姓の弟が兄のために売られる時は平民階級。子が父母のために売られてゆくと賎民階級となる。また、借金の利子とみなされて賎民に落ちた者は平民。その子を賎民と結婚させた場合、生んだ子は平民とする」としか読めない。

兄のために売られた人は平民で、親のために売られた子がなぜ賤民とされるのかは不可解だ。この朝令の真意は専門外なので避けるが、ともあれ、「子を売ることは認め」、「売られた子は賤民階級に落ちる」ことは分かった。また、売られた子が召使いになるのか遊女になるのかは別にして、子売りが古代から日常的にあったことはこれで分かった。そして六世紀、七世紀の時代から人びとを差別する階層が作られていて、売られた子たちは支配者の思い一つで下層階層に落とされたり上げられたりしていることも分かって悲しい。

◇吉原ができた頃の身売り事情

江戸幕府が出来て十三年目の元和2年（1616）には、「身売り、人身売買は禁制」の令が出た。幕府が禁令を出すくらいだから目に余るほどの人身売買行為があったのだろう。この年は、大坂夏の陣の翌年。家康が没した年である。よほど世相が混乱していたのだろう、新しい社会秩序を懸命に築こうとしていた様子が窺い知れる。

高札は九ケ条だが、その冒頭三ケ条を読みくだいて列記する。

一、武士については下級武士、中間、小者に関わらず一季居《きっきすわり》（臨時雇い・短期雇い）をしてはならない。

一、人身売買はことごとく禁止する。それに関わった者は売買代金、売買契約などはすべて損失・無効とし、売られた者は自由になる。そして売主は成敗、売られた者は親元など元の所に返す。

一、年季は三ヶ年に限る。それを過ぎると雇い主、雇われ人共に罪に問われる。

右記の一番目の武士とは豊臣の残党や非徳川の浪人たちを指すのは明らかだ。そんな人たちを短期雇いで武家などに潜り込ませないようにした。これは非江戸幕府勢力の浪人たちを明確に区別し、アウトサイダーはアウトサイダーのままにしておく方が監視しやすいと考えたのだろうか。

二番目は江戸幕府が初めて出した人身売買禁止令ときく。厳しい言葉で売り主、買い主を戒め、売られる者には同情的である。

三番目は前条の抜け道として長期の年季奉公を規制したものだろう。ここでは三年の定めだが、すぐに十年になり、元禄11年（1698）には年季制限令は廃止されている。

豊臣政権から徳川政権への移行。長い戦国時代の終わりではあったが、その反発も少なくはなく大混乱の世相だった。人身売買が横行したということは子や女房を売らなければ食べられない貧困層が多く生まれていたことの証しでもある。江戸の街角や川の端には夜鷹と呼ばれる娼婦も多く出没、その取締りに苦慮していたのもこの頃である。そして元和４年（1618）に公娼の町、元吉原遊廓が造られた。

元吉原には千数百人の遊女がいた。新吉原になり二千数百人、江戸末期までは多いときは五千人の遊女がいた。それだけの需要もあったわけだ。対して傾城屋は需要に応えるために〝仕入れ〟をしなければならない。嫌な話だが商取引感覚そのもので若い娘が売り買いされていたのだ。

「身売り、人身売買の禁止令」が出ても遊女の供給は止まらない。それは「身売り」でなく「雇用契約」に形態を変えて法を逃れたからである。娘を傾城屋に売るのではなく、一定期間の年季奉公という形だ。「身売り」は売買代金だが、「年季奉公」は一定期間の「給与の前払い」という建前。その一定期間は子の年齢など様々だが、新吉原に限れば二十七歳が遊女の定年だからその年までの雇用契約だったろう。

おっと、これらは表面上の建前を書いているだけ。実際はそんなに甘くない。証文は「二枚証文」が常識で雇用主（買主）を圧倒的に有利にしてあることは言うまでもない。しかし、証文は公のものなのでそれなりのことを書いておかなければ罪になる。そこで昔も今も悪いヤツは考えるのである。抜け道を。

人身売買や年季奉公の歴史や実態を丁寧に調べた良書、『人身売買』牧秀正著（岩波）があり随分とお世話になっている。牧氏は数百通の年季奉公証文を入手しているようで同書にも多く紹介されている。それらを興味深く読ませてもらった。読んでいるうち、ほぅ〜、こんな手があったのか、という抜け道を幾つか見つけた。

▽人身を「売るのではなく質に入れる」という屁理屈。「元金を借り、その担保として娘を預ける。十日後に元金を返せなければ担保が取られる」仕組みだ。一見、人身売買ではない。だが十日後には自動的に「質流れ」することは双方共承知だ。

▽年季制限が十年だが、「五年は辛抱期間（見習い期間）で六年目から正式に十年奉公する」。つまり実質十五年だが十年契約？　すぐ分かる嘘だが、これが通用していたから記録が残っているのだ。

▽娘を買い入れるのでなく「一生不通養子」という形式の養女として手に入れるのだ。己の娘だから下女としてこき使おうが、店に出して慰め者にしようが親の勝

手だという理屈だ。その証文（一生不通養子証文之事）ごと娘を転売もしているのだから、これは相当な悪党だ。

まだまだあるがこれくらいにしておく。

このような不平等で理不尽な契約だが成立はする。その時の親の心はどうだろう。「娘を売った金で当面は楽をできる」だろうか、「これで娘も毎日、飯が食える。ひもじい思いをしなくて済む」だったろうか。ともあれ親元に幾ばくかの金銭が入り、娘はこの日から最低限の衣食住は保証される。

「これで毎日、白いおまんまが食べられるよ」。

これが女衒《ぜげん》の殺し文句。女衒とは若い娘の年季奉公の仲介人、というと聞こえはいいが、実体は人身売買業者。その女衒の殺し文句は、親にとっても身売りが娘のためにもなるのだとの責任逃れができる好都合のものなのだ。娘も「白いおまんま」に魅力は感じる。実際の遊廓では、そう簡単に白いおまんまにはありつけないのだが、ともあれ娘は「白いおまんま」に釣られて吉原に向かうのである。

吉原の人となった娘はどうなるのだろう。これからは白いおまんまとはいかないがともかく飯は食べられる。がんばれば小銭も残せる。親孝行は出来た。そう割り切るしかなかったのではなかろうか。

そして吉原の街に馴染み、郭のルールに馴染み、吉原の中でのより良い環境やより良い待遇を目指して、いつの間にか遊廓の女として努力をするようになり一人前の遊女に育っていくのである。それは環境に順応して生きていくという人間の持つ悲しくも逞《たくま》しい性なのである。

◇身売りの値段、娘の値段

現実的な話。娘は一体いくらで売られていくのだろう。

まず身売りされる年齢だが大半は七歳から十歳の幼女だった。そして十二歳を超える少女は安くなったといわれているが事実の確かめようもない。推測すれば、七歳ほどの幼女の方が素直で吉原的な教育がしやすい。十二、三歳にもなると個々の考えを持つのでそれが面倒。また、客をとらせる年齢（十五歳）まで歳月がないので教育が間に合わない。——それくらいしか思い浮かばない。

身売りの金額の記録も幾つか見つけたが、二分銀など一両以下もあれば、二十両、三十両もあり実にばらばらだ。売り手買い手の事情で価格は大きく変わっているのだろう。乱暴だが「売られる娘の値段はあってないようなもの」と言うのが残念ながら当たっているようだ。

だが、そうもいかないのであれこれと資料をあさり無理矢理に平均値を求めると、七、八歳の幼女で五両ほどだったと思える。

江戸中期、職人の四人家族の一ケ月の生活費が約一両という。それを現代の生活感覚で二十万円と勘案すれば、五両なら百万円位となる。娘の半生の値段（一生かもしれない）が百万円ということだ。でもこれはまだ良い方である。

吉原は「年季は十年、二十七歳が定年」が基本ルール。ならば八歳で吉原に売られて来た娘は十八歳で年季明けということになる。しかし、どうもそうはうまくいっていない。吉原に入ったが最後、ほとんどは遊女のまま一生を過ごすしかないようだ。

吉原のものではないが典型的な買い主有利の奉公証文（娘質置証文）が牧氏著書にあった。原文は長く難解な部分もあり全文の引用は控えるが証文の内容は次の通りだ。

〝親Aは十年の約束でBに金五両を借り、娘Cを質物としてBに差し入れた。親A

が元金を返済するまでの十年の間、Bは娘Cを無賃金で出居で使うなど、どのように使っても異論ははさまない。十年後に親Aが元金を返済すればいいが、それが少しでも欠ければ娘は返さない〟

「出居《でい》」とは客間のことだが、この場合は客間で客の相手をすることを意味する。それを十年無償でさせられるわけだ。この証文には利子の記載はないが、もし法外な利子が付いている契約ならば娘は一生ただ働きの遊女になるだろう。

これが当時の娘身売りの現状だったようだ。

◇遊女の一生

八歳で吉原に売られて来た娘の辿《たど》る半生はどうなるのだろう。

女衒《ぜげん》に連れられ吉原の妓楼に入る。少女たちはまず先輩遊女の身の回りの世話をする係となる。その子たちは禿《かむろ》と呼ばれる。そこで遊女の仕事や作法を見聞きし遊女としての素養を身につける。田舎訛りを捨てて「ありんす言葉」もここで覚えるのだろう。音曲や踊り、茶道、書道、古典もここで教わり、きれいな着物もあてがわれる。

それは良いことだ、と思うだろうが、これらは無償提供ではない。すべて有料である。だから彼女たちの背負う借金はどんどん増えてゆく。

ちなみに寝所は大部屋での雑魚寝。「白いおまんまがたらふく」などはありえない。台所の隅で盛り切りの冷や飯に具のない味噌汁。それが日に二度の食事、というイメージだ。

そして十二、三歳で新造と呼ばれる妹女郎になる。遊女見習いである。そして十五歳くらいから「突出し」となり客を取り始めるのだが、最初の仕事は「水揚《みずあ》げ」という儀式だ。儀式というと体裁はいいが処女を売る商売。遊女としての初仕事である。それを好む旦那衆など好き者がいて高く売れる。それを経て一人前の遊女になっていく。そして二十七歳まで十数年間、ひたすら客をとり続けるのである。

二十八歳の「年季明け」。親元に帰れる女もいたが遊廓戻りが田舎では歓迎されるわけもなく、どんな境遇になったかは想像がつく。実家に帰り幸せに暮らした女はたぶん例外的だったろう。

悪い話ばかりではない。

遊女時代に客と恋仲になり年季明けを待って結婚したという話もある。それは講談や落語の人情話ばかりではなく実際にもあったようだ。
大名や大旦那が太夫クラスの高級遊女を身請けしている。有名なところを拾えば、仙台・伊達綱宗が二代高尾太夫を。備後三次・浅野長治が四代高尾を。播磨姫路・榊原政岑が六代高尾、七代高尾をそれぞれ身請けしている。十一代まで続く高尾太夫のほとんどは大大名に身請けされている。美貌、教養に長ける三浦屋の高尾太夫は大名家のお家騒動まで引き起こしているから相当に魅力があったのだろう。高尾恐るべしである。

この他、高家旗本・六角広治は菱屋の小わたを、常陸笠間藩・松平資俊は茗荷屋の大蔵を身請けしている。

遊興といえば吉原でも豪遊伝説があるのが尾州・徳川宗春。この人を

当時三美人　喜多川歌麿
江戸中期の美人。中央は吉原の富本豊雛、手前二人は水茶屋の看板娘で右が難波屋おきた、左は高島おひさ　本文とは無関係

書かないわけにはいかない。宗春は花魁・小式部を寵愛し、春の一字を与えて春日野と改名させ、さらに阿春と名付けて名古屋に連れ帰っている。その後、名古屋は大騒ぎになったことは言うまでもない

こんなシンデレラガールは吉原の遊女数千人のうちわずか数人。極めて稀な例だ。だがこれが田舎娘が大名の玉の輿に乗るチャンスという〝吉原ドリーム〟で、その夢を多くの禿たち、遊女たちに見せてくれているということならば、それはそれで幸せなことであろう。

しかし現実は大きく違う。大多数の遊女は吉原を出るには出たが行く宛てもなく、多くの女は宿場の飯炊き女といわれる私娼になるか、吉原の外の岡場所（公認されない色街）で色を売る商売を続けるしかなかったようだ。

また、遣り手婆《やりてばあ》と呼ばれる女性も吉原には欠かせないスタッフだ。この職を得て吉原に残る女はこの業界では出世の部類、幸運の部類に入るのだろう。彼女たちは遊女の指導や各種の手配などをする人でほとんどは遊女あがり。新人禿の教育や客あしらいなどベテラン遊女の豊富な経験と女性ならではの視点で楼主に代わって遊女の管理

をするという仕事だ。その彼女たちもまた行く宛てがなく吉原でしか生きられない女なのである。

悲惨なのは年季が明けたのにまだ借金が残っていたり、金額が増えていたりするケースだ。その多くの原因は借金が減らないような仕組みにはめられていたからだ。そんな遊女は妓楼の主人によって転売される。上等な見世から中等の見世へ、そして下等の河岸見世へと年増の女郎は転売を繰り返される運命《さだめ》となる。

吉原は遊女の質（若さなどの鮮度）を保つため定年を設けているが、その他の岡場所にそんなものはない。だから年齢《とし》をとっても働ける。但し、価格

禿、花魁、遣り手婆と並ぶ。まるで吉原の遊女の一生を描くような写真だ。これは明治時代の写真だが江戸初期も同様だったろう。

も安いので遊女の収入も低くなる。借金を背負った遊女はいつまでも苦界から抜け出せないのである。

そんな不幸な遊女の生涯を理性的かつ同情的な視点で書いた名作がある。井原西鶴の『好色一代女』である。

公家の姫に生まれた女が道を踏み外して遊女に転落。最初は格の高い太夫だったが格下の女郎に落ち、やがて私娼にまで転落する。西鶴は女が遍歴した十以上の売春的職業を細かく描写、そんな世界を生き抜く女たちの実像に迫ろうとしている。作品は貞享3年（1686）のものだから新吉原が出来て三十年後のころ。描かれている遊女の実態や売春の値段なども興味深いが、それより何より西鶴の目は身体を売る女たちを時代の荒波に抗《あらが》い懸命に生きる職業婦人として捉えていることに驚く。薄幸の女たちを徒《いたずら》に低くみるのではなく、憐れむのではなく、健気《けなげ》な女として評価しているのである。

今ならともかく江戸初期にこんな視点もあった。さすが西鶴！　あっぱれ！

◇川柳に思う吉原

吉原を詠んだ有名な川柳が三句、脳裏をはしる。

孝行に売られ　不幸に受け出され
西の内　をくんなはいと　泣いてくる
生まれては苦界　死しては浄閑寺

一句目は、そのまま読んで頷いてくれればいい。親を助けるために吉原に売られて来た娘が、今度は親不幸な放蕩息子に身請けされた――、というう川柳らしいペーソスで作られた句だ。深読みすれば、「売られる人がいて、それを買える人がいる」当時の格差社会が見える。今も似たようなものか…。


二句目はぼくの好きな句。一篇のドラマだ。

西の内とは上質の和紙の名。通常の売買証文などは厚手の美濃紙が使われていたが、身売りの証文はさらに厚手の西の内に書いたという。

なぜって？　年季が十年二十年と長いから、しっかりした紙に書いておく必要があったということだ。また、この証文はあちらこちらへと回される可能性が高いからだ。一箇所に留まらない悲しい証文。丈夫でなくてはいけない。

ある貧しい村の昼下がりのことである。

娘を迎えに女衒《ぜげん》が来た。奉公に出る約束は既に出来ていて今日は出立の日である。通り一遍の挨拶を済ませた女衒は膝をぽんと叩くと、父親に約束の金を渡すから証文を書いてくれと言う。

「普通の紙じゃいけません。西の内はありませんか」。

そんな上等の紙が貧乏百姓の家にあるはずがない。すると女衒は娘に、

「娘さん、ひとっ走り小間物屋へ行って、西の内を一枚買って来てくんな」

と小銭を渡して言う。

実は女衒の振分《ふりわ》け荷物の中には西の内が何枚もある。だが出さない。それには訳がある。娘に席を外させて親と内々に雇用契約の実際、つまり裏約束をするためなのだ。どんな裏約束？　よく聞くのは、娘が郭から逃げたらその代償として今度は妹を無償で差し出す、など表には出せない無法な条件である。だが、真面目一筋に生きてきた百姓の親は、それが規則だと思い込んで疑わないのだ。

西の内を買いに走った娘。小間物屋に着く。

「おじさん、西の内を一枚、をくんなはい」。

小間物屋の主人はこの西の内が何を意味しているのか理解している。娘の声も震えている。奥から店の女房が飛び出してくる。

「お迎えの人が来ているんだね。○ちゃん！」

「うん……」。

娘は言葉にならない声を出して泣き始めた。店の女房は黙って娘の肩を抱きしめるのであった。

こんな切実なノンフィクションドラマ。それが、「西の内　をくんなはいと　泣いてくる」なのである。

三句目の「生まれては苦界　死しては浄閑寺」は、浄閑寺の墓所に建つ新吉原総霊塔に刻まれている句だ。

現在の塔は昭和４年に「新吉原総霊塔」として建てられたもの。前の塚には安政２年

（1855）10月の大地震で横死した遊女五百余人がここに運ばれ供養されていた。以降もここに供養される人は増え続け、その数は新吉原開基から廃業まで三百八十余年の間に、二万五千に及ぶという。

　浄閑寺は吉原で死んだ身寄りのない遊女の屍体を捨てに来た「投げ込み寺」として名も残す名刹である。吉原から近い三ノ輪（足立区南千住）にある。

　句は花又花酔《はなまたかすい》の大正3年の作。句は薄幸の遊女の一生を詠んだもの。「生まれた場所（家）は赤貧の土間。苦労を重ね懸命に生きて来たが、死んでも行き場はなく投げ込み寺の浄閑寺に眠る」である。句意、感想は書くまでもない。

　花酔は明治後期から昭和四十年頃まで活躍した当代屈指

新吉原総霊塔㊧。台座には花酔の句㊤　＝浄閑寺

の川柳作家である。彼は、「郭吟《くるわぎん》（吉原など遊廓や遊女を題材にした川柳）といえば花酔」といわれていたほど花柳界や遊廓に造詣が深く秀句も多く残しているという。だが、彼の知る吉原は明治以降、近代のものだから本書の書く江戸初期の吉原ではない。だが、「生まれては苦界死しては浄閑寺」の世界は同様であろう。

また、花酔は人気作家・吉川英治の親友で英治を川柳界に誘ったのは彼だという。そして吉川は小説家と同時に雉子郎《きじろう》という号を持つ川柳作家となっている。

吉川英治は吉原をたびたび書いている。そして吉原の女たちには格別、好意的な感情を持っている。『紅梅の客』から印象深い一文を拾う。

○以前から私は、女運というか、極道運とでもいおうか、吉原の女でいやなやつだと思ったのにぶつかったことがない。泉鏡花が日本橋の女を、永井荷風が玉ノ井の女を、あんなにいとしく書いているのに、吉原の女はなぜかあまりほかの作家にも書かれずにしまった。水々しい吉原絢爛《けんらん》期の女は、江戸戯作者の筆になるころもう燃えつきてしまい、ぼくらが書生時代に嗅いだ吉原は、すでに古雛《ふるびな》のカビの美でしかなかったものか。

○たとえば、ぼくらの若い日といえど、ひと口に吉原とは、ぼる所、だます所、恐い所の「悪所」と呼びなされていたものだが、私はかつて、いちどもそんな目にあったことはなかった。もっとも、いつだって素寒貧な書生だったせいでもあろうが、だからといって蔑《さげす》まれたこともない。
○ぼくら書生がよく書物を古本屋へ売って遊びに来たなどというと『後生、本だけは売ったりしないで下さい。そんなお金で遊ばれると、わたしの罪が深くなるから』と言ったりした。

これらは相当に吉原を美化している印象だが意外と嫌みがない。それは吉川本人も吉原のすぐ側、いわば「悪所」といえる範囲に住んでいた。そして遊廓で働く男衆などとも友人として交流していた。そんなこともあり、色街の深部を理解していたからであろう。そう言えば吉川は宮本武蔵も吉原に連れていっている。

◇偶然に発見！　花魁・代々山の扇面

吉原の高級遊女は舞踊や音曲ばかりではなく書画、和歌、古典などを禿《かむろ》（遊女見習いの童女）の頃から習い、かなりの教養の高さであったことは伝え聞いていた。しかし、実物を見聞きしたこともなく単に耳学問で知っている程度だった。だが偶然にその実物を筆者自身が発見したことは真に奇跡的だった。

平成26年（2014）7月7日のことである。絵入本学会（浮世絵・絵本・絵草子・書画などの学会）の野外踏査の対象が南知多方面となった。筆者の「新吉原遊廓を支配したのは南知多衆」の論文を知っていただいた東海近世文学会や絵入本学会の先生方が、ならば南知多を案内しろ、松本清十郎や千賀志摩守の所縁を見せろ、論文のエビデンスを示せ！と怖いことになったのである。メンバーは服部仁同朋大学教授（絵入本学会会長＝当時）、佐藤悟実践女子大学教授、廣瀬千紗子同志社女子大学教授（澤田次夫氏ご縁戚）ら二十一名だった。

チャーターしたバスで名古屋駅から知多半島へ。吉原所縁の寺社や文化財を見て廻った。学者・研究者は、己の興味のある資料や物品があると時間を無視して動かない。時にはいなくなる。そんな人を二十一名も引率するとスケジュール通りにいくはずはない。もたもたと、しかし有意義に事は進んでいった。

南知多町内海に尾張廻船の有力船主の家、内田佐七邸がある。太平洋側に現存する廻船船主の家屋の中では極めて大規模なもので一見の価値はある。だが今回のエクスカーションの本筋からは外れるので案内人のぼくとしてはパスしたかったのが本心。しかし南知多町観光協会にはさんざんお世話になっていることもあり、ここは同地観光の目玉でもあるので、ほとんど義理で立ち寄ったのである。

ところが奇跡が起こった。内田佐七翁がぼくたちを呼んだのかもしれない。

こんな奇跡だ。

観光協会スタッフの案内で二十一名が内田邸内の見学に。通常は二時間以上もかかるのだが三十分しか時間がとれない。ぼくは内田邸へは七、八回も来ているが今日はホストなのでさぼれない。「早く、早く」と急かす役目だ。珍しくはない。

佐七翁の居間だったという八畳ほどの狭い部屋がある。棚も押入も物入れもある部屋で佐七翁の寝室兼書斎という風情だ。部屋には幅が狭く急な、昔ながらの階段があって二階に続く。ぼくは二階は何度も見ているし昇るのも面倒なので、「ここにいます」と佐七の部屋に残った。先生方はゾロゾロと二階に上がっていった。

何気なく汚れた襖《ふすま》を見ていた。時代の汚れに現在の汚れ。ところどころに指で突いたような穴が空いている襖（衝立）だ。そこには古い色紙や短冊が貼ってあった。扇面も三枚貼ってあった。見ようによればボロ隠し、破れ隠しの紙に見える。実際にそうかもしれない。

ぼんやり扇面を見ていた、ぼく。

えっ！　何だ！

「松葉楼……？」

「代々山っ——？」

扇面に達筆な女文字、吉原の有名な妓楼・松葉楼。その名代の花魁、代々山《よよやま》の手紙じゃないのか！　ええっ〜。

「先生！」と叫ぶぼく。

先生がいっぱい二階から降りてきた。

奈良文華館の浅野秀剛館長。俳文学の権威は加藤定彦立教大学名誉教授。その他もいるいる、源氏物語絵巻の第一人者、近世文学の大家、浮世絵研究の第一人者、京都祇園研究の高名研究者、エトセトラ、エトセトラ！

日本の近世文学のトップ学者がここぞ狭きと二十一名。代々山の書いた扇面はたち

松葉楼の花魁・代々山の扇面
＝南知多町内田佐七邸にて、2014年7月7日筆者写す

まち解読され、丸裸になってしまった。

風かよふ 寝覚めの袖の 花の香に かほる枕の 春の夜の夢

松葉楼　代々山　書

歌は新古今和歌集にある皇宮太夫藤原俊成女《むすめ》のもの。筆は代々山の自筆だろう。癖のある筆使いだ。内田佐七の活躍時期からみて、これは文化文政の頃のもの。代々山は何代も続くが、これは最後の代々山だろう。

あっという間に薄汚れた扇面は文化財級のものに昇格してしまったのである。

それにしても、まあ、色っぽい和歌一首。そして色香の漂う女文字。これを見て、佐七さんは、「わちきは　ぬしさんを　待っていんすにぇ～」との美しい代々山の鼻声を思い出してニヤニヤしたのだろう。

河村瑞賢も新吉原をつくった男の一人

揚屋の開店資金は誰が出したのか

さて話は本題に戻る。

元吉原遊廓を解体して浅草田圃に新吉原遊廓を造った。幕府主導の公共事業である。約二万八千五百坪の埋め立て造成工事、街路などの区画整備は幕府資金での施工である。では、傾城屋や小売店など各店舗は誰が建てるのだろう。そんな個人の商店や住居までお上が造ってくれるわけはない。商店主ら各自の負担だろう。但し、元吉原から立ち退いてきた商店主は総額で一万五百両、今の感覚なら十億円もの移転費用を貰っているので心配はない。

明暦3年初夏、どんどんと新築工事は進んでいた。

「河村瑞賢公園」の銅像

しかし、移転費用を貰っていないのに大きな店舗を構えようとした人がいた。松本清十郎、そして次の章で詳しく書く十九名だ。彼らは新吉原に新しくできた揚屋町で大名ら高級武士を接待する揚屋という高級料亭のような店を造ったのだが、この建築資金はどうしたのだろう。彼らは大金持ちなのか。いや違う。この十九人は尾張国須佐村から呼び集められた人、大金持ちなど誰もいない。筆頭に立つ清十郎は知多半島の小さな神社の神官の息子。どう考えても遊廓を差配できるような資本力はない。

では、幕府が彼らを援助したのか。援助はしただろう。だが仮に建物の建設や造作までは面倒をみたとしても開店資金や運転資金まで公金では出せないだろう。

「遊廓開店のための莫大な資金の問題」。

これは筆者が「新吉原を支配した南知多衆」の論文を発表した当初から疑問に思い、また何人もの方から指摘を受けていた。

「新吉原でいきなり中心的な立場に立っている松本清十郎。それには充分な資本力がなければそうはいくまい。彼の資金はどこから出たのだ」という詰問。当然である。金がなければ遊廓は出来ない。金がなければ二十人もの人を知多から江戸まで引っ張って来られない。だが、実際には出来ている。だから清十郎にその金はあったのだ。ではどこから来た金なのだろう。

ぼくは結論を出せず、ぐずぐずと逃げていた。

ある方は「伊勢神宮がスポンサーではないか」。ある先生は「南知多の名刹・岩屋寺が動いていないか」。また、「尾張藩が絡んでいるはずだ。尾張藩の資金だろう」。「前野小平次という豪商が知多半島にいた。そこは調べたか」。「信州・中仙道に遊廓などに出資する機関があった。知っているか」等々。正論、推論、暴論、まさに玉石混淆、百花繚乱の態であった。

――そんなもの、今さら分かるわけがない。これは謎のままにしておくしかない。

そう思っていたら晴天の霹靂《へきれき》！　想定外の男が飛び込んで来たのである。

◇無名な初老の車引き

さぁお立ち合い！

――江戸に名もない車引きの頭《かしら》がいた。初老四十歳の平凡な男であります。そして明暦の大火。江戸は焼け野原。四十歳の車引きは、これから江戸には膨大な建築需要が生まれる。材木は取りあいになる。材木を買い占めよう、と思い付くやいなや、材木の産地木曾谷へと走った。懐には十両。彼の全財産だが、たった十両。そして木曾福島へ。木曾谷のほとんどは国有林・御用林。立派な檜がいっぱい。彼は山林主と交渉、七両の手付け金だけで大量の木材を手に入れた。材木はあっと言う間に高騰、彼は一躍、大金持ちになったのであります——。

さぁお立ち合い！　信じるも信じないもあなた次第。サクセスストーリーにしては安易すぎるが、ともあれ、この四十歳の車夫頭がこの日を境に国家事業にも次々と参入して、大商人、大富豪となった河村瑞賢《ずいけん》その人なのである。

新吉原遊廓の建設は北町奉行石谷《いしがや》貞清ら徳川幕府の内々の主導で行われ、千賀志摩守の後ろ盾で松本清十郎ら尾張国南知多衆が中心になり働いた。また、土御門家の陰陽師も見え隠れしていた。そして実際の作業に当たったのは車善七ら非人のグループ、それに知多の黒鍬《くろくわ》衆も関わった。彼らを吉原をつくった男たちと結論付けようとしている時に、飛び込んで来たのが河村瑞賢だったのだ。

江戸の怪商、政商。国家事業の淀川治水工事など歴史的にも特筆すべき実績もあるのに評価の分かれる男である。ダイナミックで革新的な大事業家という評価。反面、悪党商人のようにも言われている。それは、「瑞賢ぶり」との慣用語を生んでしまったほど強引で手段を選ばぬ徹底した利益追求の姿勢。ワイロを含む、あの手この手で役人を取り込む経営手法が嫌われた結果なのだろう。むろん、それらはおもしろおかしく創られた講談話とも思えるのだが…。

そのプロセスは別にして、彼が行った数々の公共工事、特に東回り海運、西回り海運の開設とその斬新な運営システムの構築は社会資本への大いなる貢献として賞賛されるべきものだ。それらの功績があってのことだろう、後には何と、旗本待遇に取り立てられているというのだから、幕府中枢との強い結びつきは想像以上のものだ。

その生き様、能力、得体の知れない人物像。まさに興味深い男である。それらに関しては、主に『河村瑞賢』(古田良一著)を参考にした。他の文献もいくつか読んだが瑞賢の生い立ちや事業などは、管見の限りほぼ同様だったのでそれらに従う。

◇四十歳まではただの土工、車夫がいきなり大富豪に

さてさて、本章冒頭にイントロ気味に書いたように、歴史に名を残すほどの大人

物、河村瑞賢だが明暦の大火まではただの土工頭、車夫頭だった。言わば四十歳間近のうだつの上がらない男だったとみていい。その中年男があれよあれよという間に江戸で屈指の大金持ちになり、幕臣と対等に接するまでの立場になったのだから驚異的な出世である。そのいきなりの大成功は、どう考えても彼一人の才覚や、まして宝くじが当たったような偶然で出来るものではない。必ずや誰か大きな力がバックに働いていなければ成し得ないことだ。

その大転換の契機となったのは明暦の大火。その前後の彼の行動を冷静に俯瞰《ふかん》してみよう。すると、妙なものがはっきりと浮かんで来るのである。

◇四十歳までの瑞賢と精霊流しの野菜

元和4年（1618）、伊勢国は度会郡《わたらいぐん》東宮村（現南島町＝南志摩）の貧農の子に生まれた瑞賢（幼名は七兵衛、後に十右衛門とも）は、十三歳（十五歳説も）のとき江戸に出た。この上京に理屈はいらない。貧農の子が食いブチを求めてのものだ。この頃の江戸は建設ラッシュ。労働力の需要はいっぱいある。彼は多くの出稼ぎ労働者と同様、日雇い仕事についたのだろう。

車夫をしていたというが大八車がまだない時代だ。湊から現場に木材などの建設資材を小さな車や人力で運ぶ、まさに肉体労働者だった。また、土工頭だったとの記述もあったから土工時代もあったのだろう。その後、車夫の親方の娘と結婚、車夫頭になったという。

車夫頭であろうが土工頭であろうが、その地位は零細企業の社長程度、あるいは中小企業の職長程度のものだろう。伊勢の田舎から出て来て二十五年。がんばって昇って来た地位がそこ。年齢は三十九。別に彼を馬鹿にして言うわけでは決してないが、明暦の大火の時点までの彼は、どこにでもいるありふれた中年の職人さんだった。

そんな彼に特別な才能があったのかどうかは分からぬが、こんな話が伝わっている。

――ある時のこと、品川付近の海岸には盂蘭盆会《うらぼんえ》の精霊送りの瓜や茄子が多数流されていた。それを見た瑞賢は、乞食に銭を渡してそれを集めさせ、この瓜や茄子を塩漬けにして普請小屋等で売り、利益をあげた――。

この程度の逸話なら、小銭を儲けた商売人なら誰でも持っていそうなもの。採り上げて驚くような話ではない。ところがこれからである。まるで一転、世の中がひっくり返ったように彼の舞台が廻ったのであった。

◇瑞賢、いきなり出世のふしぎ

冒頭で書いたように、明暦の大火の時。彼は材木の高騰を見越し木曾福島に走った。手持ちの金は十両。木曾に着くと山林主の子どもが遊んでいた。彼はその子に小判三枚、三両をおもちゃにして遊ばせ、自分を大金持ちだと思わせた。そして、信用した山林主に、「後で番頭が金を持ってくる」と言い、たった七両の手付け金で大量の材木を自分のものにしてしまったという。

数日後、江戸の大火を知った上方や江戸の材木商が買い付けに走って来た。既に大方の木材は瑞賢が買い占めた後。材木商は彼の言い値で買うしかなかった。

瑞賢は山林主に支払う金額分だけ材木を売った。彼の手許には大量の材木が残った。大量の材木は復興景気に湧く江戸へ運ぶ。通常の何倍もの値で売れる。正真正銘の大金持ち河村瑞賢の誕生である。以降、とんとん拍子で世に出て、ついには将軍と謁見《えっけん》できる地位にまで昇り、旗本にまで任命されたというのだ。

大成功した瑞賢は一気に生まれ故郷、三重・南伊勢町のヒーローになった。町には「河村瑞賢公園」が出来、立派な銅像も建っている。

さて、彼の成功までの逸話は、どの瑞賢資料にも同様に書いてあることだから、おおよそは実話と受け止めよう。そしてそれらを端的に分析してみる。

これら瑞賢の行った仕事、「乞食に金を渡し、精霊送りの野菜を集めた」はともかく、「材木を買いに木曾福島に走る」、「木曾から材木を江戸へ運ぶ」などは個人の才覚だけでできるものではない。絶対にできないとさえ言える。

さらに商人となった後、彼は、「淀川の治水事業」、「東回り西回り航路の開設」をしたという。さらに、「開設した各港に駐在員を置き」、「各港の領主に入港税を払わない制度を作った」という。これらは歴史資料に記載されていることだからねつ造や物語の類《たぐい》ではない。だが、これらは、彼ひとりの力量では到底できない。その権限もない。

順を追ってそれらを丁寧に検証する。

◇「乞食（＝非人の別称である）に銭を払って仕事をさせる」。

「非人頭の章」で述べたように、当時の階層制度は極端に厳しく一般人が非人と取引をすることはまずない。また、非人（乞食）は対価を得て労働することは禁じられているのだから瑞賢の申し出を直接受けることはあり得ない。これは非人頭が関わらなければできない行為である。

この逸話が事実とするならば、「瑞賢は非人頭にこの作業を依頼して代価を払った。非人頭は配下の非人に命じて瓜や茄子を集めさせ、それを瑞賢に渡した」とならなければならない。

また、品川海岸に流れた瓜や茄子は盂蘭盆会で仏に供えたもの。これは、「あの世にいるご先祖様がこの家に帰って来るための乗り物として供える」ものだ。即ち、死者・亡霊の宿るもの。一般の人には恐れの対象物である。この時代、死者や屍体を扱うのは非人だけの仕事。彼らにだって嬉しい仕事ではないだろうが、ともあれ扱い慣れている。一般の人では、死者・亡霊の宿る野菜を集めて商品にするという発想もないはずだ。だが非人たちは少し違う。屍体処理の代価で死者の着物を貰うのが慣例なのだから海に流れている瓜や茄子くらいは平気だろう。

つまり瑞賢が死者・亡霊の宿るものをあまり恐れない非人と同等な発想を持っているか、あるいは非人頭と通じていなければこの逸話は成り立たないのである。

江戸には四人の非人頭がいたことは前に書いた。この逸話の舞台は品川海岸。品川は松右衛門の支配地。瑞賢は松右衛門と親交があったとみるのだ。

◇「材木を買いに木曾福島に走った」。

これも疑問がいっぱいだが事実とするしかない。なぜなら、この話から豪商瑞賢は誕生しているのだから認めざるを得ない。ただ、「子どものおもちゃに小判を与え」などは彼の怪物ぶりを演出する作り話だろうが木曾福島まで走って材木を手に入れたのは本当のことだろう。

だとすれば疑問を少しずつ解くまでだ。

まず、当時は勝手に材木の売買などできない。米と木材は社会資本の基本中の基本だった時代。山林には奉行が配置され厳しく管理されていた。勝手な伐採や売買はできず、「木一本、首一つ」、「枝一本、腕一つ」といわれ、ヒノキ一本を盗んだだけでも首が飛ぶといった厳罰主義をとっていたほどである。

木曾谷は幕府直轄領、天領である。そこへ見ず知らずの江戸の土工風情が走って来て、「材木を売ってちょうだい」と言ってもそれは無理以前の問題。話にもならない。

但し今回は買い付けに成功している。何故だろう。答は簡単である。

木曾谷の国有林を管理するのは木曾奉行。奉行を動かせるのはその上司。上司から木曾奉行に「材木を出してくれ」と一声あったからだ。

では、その上司とは誰だ。

◇瑞賢を使ったのは誰だ

明暦の大火、江戸市中が丸焼け。江戸城本丸も燃えてしまった緊急時である。

「一刻も早く悪所を移転させなければ江戸の治安が守れない。焼け野原にならず者のたまり場を作らせてはいかん。吉原の浅草田圃への移転を急げ！　なに？　建築資材がない？　緊急に材木を確保せよ。では、木曾奉行・山村甚兵衛の許に走れ！　これが木曾奉行への書状じゃ！」。

この台詞を口にできるのは、北町奉行・石谷《いしがや》貞清であったとみるのだ。

石谷はこの数年前の慶安3年（1650）、木曽三川の治水工事を指揮していた。この工事は木曾川の治水のみならず、木曾谷の材木を伊勢湾に運搬するルートの確立も狙いだった。これは大量の材木を確実に、独占的に掌中にすることができるという家康以来の大戦略である。このシステムを永く安定させるため、山村甚兵衛はこれ以来、明治に至るまで一度も変わることなく木曾奉行の要職にあった。表向きは尾張藩士、実質は家康（徳川幕府）の旗本。千賀志摩守と同様、家康と尾張藩との二重封臣《ほうしん》である。石谷と山村は、この事業や家康を通じ、強く結びついていたのである。

つまり、江戸町奉行・石谷貞清が、木曾奉行・山村甚兵衛に対し、「この瑞賢という男は私の使いだ。江戸で緊急に材木がいる。便宜を図ってほしい」と依頼。山村は木曾の山守《やまもり》（御用林は何人かの山守と呼ばれる人に管理させていた）に「材木を渡しなさい」と許可を下ろした。そして大量の材木が江戸に運ばれ、石谷の意に添った復興普請に使われたのである。

ここで千賀志摩守も登場する。

木曾の材木は木曽川を筏《いかだ》で運ぶ。伊勢湾に出るとそこは千賀の監督する海である。材木は船に積み込まれ江戸へ向かうのだ。

材木を伐り出すには木曾奉行の許可がなければならない。その材木を江戸に運ぶには、木曾川の筏流し＋名古屋・熱田白鳥湊の関所＋多くの千石船、

伐り出された材木は木曽川を筏で下り伊勢湾に。木曾川も伊勢湾も千賀の管理下だ。

挿絵はイメージ＝「ふるさと岐阜の歴史をさぐる」より

これらが必至である。そこには、川奉行、船奉行の千賀の許可がなければ何もできない。通ることもできない。これらは石谷、山村、千賀のネットワークが順調に機能してこそ可能となる。この時の千賀の妻は山村の娘であることは「千賀と家康の章」で述べた。彼らには血縁という絆もあった。

このシステムは家康が構築し、地元の親藩・尾張藩にも渡さずに、がっちりと握っていた。これが今回、役に立ったのである。

遊廓開設資金の捻出の裏技

石谷が瑞賢を遠く木曾まで走らせたのは、材木の入手や江戸への運搬が自分の権限の内で実行できるからだった。材木を入手するだけなら、わざわざ遠い木曾谷まで行かなくても江戸近郊に木材の産地はいくらでもある。武蔵野、筑波、千葉等々だ。中仙道をどんなに急いでも四、五日は掛かる木曾福島。そこへ瑞賢を走らせたのは、それなりのわけがあったからだ。

そのわけは明白だ。木曾から尾張、知多は家康のテリトリー。つまり石谷の采配でこの作戦が遂行できるからだ。そして彼の大きな目的は「新吉原遊廓の揚屋開店の資金集め」であったとみるのである。

石谷が瑞賢を使って資金を作った——、の推理は実に面白い。これなら確実に大きな資金を得ることができる。

もう一度、お復習《さら》いする。

江戸の治安対策で吉原を浅草田圃に移転させる。武家と町人、いわば体制と反体制(不穏勢力)を区別、分離するために揚屋町を造る。そこに元々の傾城屋を入れず奉行の息のかかった人材を招き「揚屋」を営ませる。その店舗の建設までは幕府の資金でするにしても、内部の調度品や運転資金まで公的資金は出しにくい。そこで石谷らは一計を案じて木曾谷の国有林の材木を江戸に持ち込み、それで資金を作った。

そう推理しているのである。

では、この大仕事になぜ瑞賢が起用されたのかである。まったく無名の人の抜擢だ。ただの車夫頭である瑞賢を江戸町奉行が知るはずはない。でも現実に瑞賢は木曾に走り、国有林から材木を仕入れている。ここも解きにくい謎だ。

推理を重ねるしかない。

一つは、非人頭・品川松右衛門が瑞賢と懇意で、彼を石谷に紹介したということはあり得る。非人頭は町奉行の配下。部下の立場だ。よく知った仲である。

この瑞賢と松右衛門は懇意だったということは説明が容易。品川海岸に流れた盂蘭盆会の野菜を拾うという取引ができる仲だからだ。これは宗教行事に背く行為で普通の関係ではなかなか成立しないだろう。

ちなみに盂蘭盆会に茄子や瓜を仏の乗り物に見立てて海に流すという慣習があるという愛知県知多市の方に聞くと、「昔は川や海に流しっぱなしだったが環境問題にうるさい今は市役所が通常のゴミとは別に回収している。宗教的な意味もある物なのでゴミ扱いはしていない。食べる？　とんでもない。ご先祖様の霊が宿っているものだよ」。今の役所でも畏敬の念をもった対処をしている物だった。

瑞賢と松右衛門が同じ賎民階級にいたとは言わないが、価値観を共有する仲間だったと考えてもいいのが、この瓜茄子事例だろう。

松右衛門は石谷奉行に、「目端が利いて度胸のいい男を探している。誰かいないか。あまり人に知られていない男がいい」と問われ、「それなら適当な男がおります」と紹介したのが瑞賢だった。そんな推理ができるのだ。

もう一つ、瑞賢は南伊勢の生まれ。それも大切なヒントだ。

千賀氏は伊勢国鳥羽の出身。南伊勢とは隣接する土地であり、熊野灘、伊勢湾は千賀のテリトリー。千賀の領地と言ってもいい地方だ。千賀の殿様と貧農の子の瑞賢と面識はないだろうが、何らかの地縁、血縁があってもおかしくない。また、知多半島と伊勢とは繋がりが濃い。ことに南伊勢は知多半島南部や渥美半島とは国境を越えての交流が歴史的にある。交通路としての繋がりもある。少年、瑞賢が江戸へ上った際、船で行くのも知多半島発。陸路を行くのも知多半島経由で東海道に出たはずだ。

さらに、知多半島先端の離島、篠島は千賀領だが伊勢神宮領でもある。篠島には年に三回、それぞれ百六十匹余の見事な鯛を伊勢神宮に奉納する「おんべ鯛」といわれる祭礼行事がある。これは中世から現在まで一千年以上に亘り続いているものだ。「おんべ鯛」奉納の船団には伊勢神宮から与えられた「太一御用旗」が掲げられ、誇らしく伊勢湾を往復している。

これらのように伊勢と知多とは文化的にも結ばれる要素が多い。

また、当時の人の同郷意識は強いものがある。瑞賢は松尾芭蕉と親しかった。「奥の細道」と瑞賢は無関係ではない、という説もあながち笑い飛ばせないのはその強固な同郷（同国）意識の裏打ちがあるからだ。

名古屋城下の堀川沿いに瑞賢の屋敷があって今も屋敷跡の表示板がある。ここに瑞賢の屋敷があるのは彼が尾張藩に招かれて御用水や堀川等の相談にのっていたからと説明文に記されているが、そんな実績はなさそうだ。堀川も千賀志摩守のテリトリー。千賀が瑞賢のために屋敷を段取りした、とする方が理にかなっている。

千賀と瑞賢は互いに南伊勢地方の出身。瑞賢が東廻りや西廻りの航路を開いたとされているが徳川幕府の航路を管理しているのは数人の船奉行である。千賀は江戸から上方の東海道海路を仕切る有力奉行。どちらが上か言うまでもない

地縁を窺う相関図

が、こと航路に関しては千賀と瑞賢は何らかの利権を共有しながらの極めて親しい関係だったとみえる。

さて、明暦3年春に話は戻る。

瑞賢の材木買い付けの仕事は成功した。江戸で材木は飛ぶように売れ、瑞賢は巨万の富を手にした。そして大金を新吉原開基の資金に提供した。瑞賢を木曾谷に走らせた時から石谷と瑞賢の間にその密約が出来ていたとする方が分かりやすい。そして、その功績と手腕を評価して石谷は幕府の公共事業の多くを彼に請け負わせた。さらに旗本待遇という破格の身分も与え、権力も持たせたのである。

東廻り西廻り航路も一人の商人ができるものではない。強力な幕府の後押し、まして船奉行・千賀の後ろ盾がなければ成し得るものではない。彼らは一体であったとみなければなるまい。そして新吉原建設もそれぞれの持ち場で力を出しながら、一体となって取り組んだのである。

河村瑞賢もまた、吉原をつくった男たちの一人であったのだ。

新吉原開基。揚屋町誕生

◇わずか四ケ月で完成した遊廓街

完成した新吉原遊廓をみてみる。遊廓オープンは明暦3年8月14日だった。さぞ華やかに音曲が流れ、美しい花魁たちが行き交う、と思っていたが、実はちょっと違っていたようだ。

『高屏風くだ物語』（山の手奴花桴《はないかだ》著　万治3年・1660刊）はこう書いている。

そのとしの秋の頃、町を此所にうつされしにこそ、新よし原となんいひける。その頃は、草ぼう〱として、むしの聲喞々《しょくしょく》たり、田面の雁のみ、きままに陣をなし、かり残したるいなば《稲葉》の風ならで、音づる、ものもなく、こはく《怖》

すごき所なれば、いかで住はてぬべくもあらねども、露のうき身のおき所なきま丶に、まづたれかれとやしき《屋敷》を取、むかしのごとく五町にわかち、あげや町をあらためこしらへて六丁にさだめ、大門ロ一つまふけり（略）
万治あらたむる比にも、いまだ人の住家共見えず。かきをまはしに、かべしところに、床高ひくにして、のきのつまあはず。見るさへあはれしごくなれば、花のやうなる女郎衆の、心の内思ひやられていとしきに

オープン直後、新吉原の周囲は、「草ぼうぼうで虫の声もうるさく。怖く、凄き所」で「どうして住んでいいのかわからない」所とさえ言っている。

さらに、万治になった翌年の町や家の様子を、「垣根はまばらで、床はデコボコで、軒のつまが合わない」。「見るにさえ哀れ至極なれば、こんな家に住むとは花のような女郎衆がかわいそう」と嘆いている。

突貫工事で四ケ月、一応の恰好だけはつけたが、建物の装飾や造作まで、とても手が廻らなかったようだ。それもそのはず、田圃に瓦礫を放り込んで埋め立て、その上に川砂を盛りあげただけだ。半年や一年で地盤は安定するはずもなく、ぐらぐらだろ

う。しかし、この記述は本書で言う、「新吉原建設用地の地盛りは、明暦の大火の瓦礫を使用した」ことを裏付けるもの。筆者としては、我が意を得たりである。

建築士に訊いた。曰く「きれいにならした土砂なら地盤はすぐにしっかりする。しかし粉砕もしない瓦や材木などの瓦礫は、土砂の下で潰れたり、曲がったりして、しっかり固まるのはかなりの年月がいる。土地が当初、デコボコでぐらぐらなのは当然だ」。

やはり相当量の瓦礫が使われたのだ。

そして、新吉原開設での大きな謎。尾張衆の進出の謎解きに入る。

新吉原は元吉原と町の造りも町名も大きく変わらないが、はっきりと変わったのは、「あげや町をあらためこしらへて六丁にさだめ」である。揚屋町という特別な町が新しく造られたのである。

『吉原大全』である。

揚屋町というは元吉原になく、ただ五町のうち二、三軒づつ揚屋ありき、新吉原に移りては、揚屋を一町に集め、揚屋町を一町とり立てける。是によりて揚

屋町は五町の差図をうけて何事もとりはかる事なり

元吉原にはなかった揚屋だけの町をつくった。つまり遊女を抱える傾城屋と遊女のいない揚屋と町ごと区別したのである。「是によりて揚屋町は五町の差図をうけて」との字面だけを読めば、揚屋は傾城屋の指図を受ける下請けのように取れるが、これは傾城屋が書いた自己顕示の文章であると同時に、揚屋と傾城屋は別のものと傾城屋が自ら吐露していることに他ならない。

『北里見聞録』にも、同様の記載がある。

北女閭起原曰　元吉原にては、揚屋共五丁中所々に住居したるが、当時の地に移りてより、揚屋町といふ出来て、揚屋共爰《ここ》に住居す

この二行はまさに揚屋は傾城屋と別に住む、住み分け（棲み分け）の証明である。そしてこの住み分けは奉行所が決めているということを抑えたい。

新吉原の基本設計、つまり町の大きさも、営業時間も奉行所が決めた。営業内容な

どは傾城屋たちの希望を聞いただろうが、全ての決定権は奉行所にある。町造りなど基盤の構築に傾城屋が口を挟む余地などないし、その必要もない。揚屋町を新しく造ったのは奉行所なのである。

◇武家組織を守るために揚屋町をつくった

では、奉行所は、何のために揚屋町を造ったのだろう。

明解に言い切る。奉行所（幕府）は、遊廓の中でも武家とその他の人を区分したかったのである。

ビベロの『見聞記』にあった「武士は離れた地区に居住しており、庶民や地位の釣り合わない人とは交流することがないようにしている」のが、江戸初期の町の姿であり、また、それが幕府すなわち国家の思想であり方針である。

そんな国家の方針が遊廓の中だけは別でよろしい、などと言えるほど幕府は軟弱ではない。また、再々述べているように、「悪所対策」、「クーデター防止策」は重要政策だ。支配階級（幕府関係者）と非支配階級（民間人）はしっかりと分けておきたい。そう考えたのである。

だから、大名、旗本らが吉原で遊ぶ時は、彼らだけの町で遊ぶようにする。そこには一般の町人や、まして不穏な浪人などは近づけない地区にする。そして、一般の衆は、一般の衆の町で遊ぶ。そのように主導したのだ。新吉原開基の当初、揚屋の客はすべて高級武家である。数十年後、羽振りの良い豪商も客になっていくのだが揚屋は特権階級のための店であったことは変わらない。

元吉原から移転時に示された条件の筆頭、「今の吉原は二町四方の広さだが、移転先は三町にする。五割増しである。」の真の意味は、遊廓の営業地は今まで通り二町四方だ。新たに増やす一町は、高級武家のための特別な町を造る分――、なのである。

そして、「特別な町」を「揚屋町」とする。揚屋の仕事は大名や旗本がゆっくり安全に快適に過ごす環境を提供することだ。立派な座敷や調度品を整え、それなりの料理を用意するのである。その特別な客である大名や旗本が遊女を所望するなら傾城屋から呼べばよい。これが揚屋のシステムなのである。

◈傾城屋を賎民階級に落としたわけ

新吉原への移転の際、幕府は傾城屋に対し、「祭礼の町役ならびに火事の際の消火作業への参加の義務も免除する」を条件の一つに入れた。良いようにとれば、江戸の町外れに行くのだから何かと面倒な町方はしなくてよろしい、との好条件のようにみえる。だが然にあらず、これは前述のように傾城屋を賎民階級に落とし込む政策である。

なぜ幕府はこの時点で傾城屋を平民から排除したのだろう。

新吉原に移るこの時点で彼らの身分階級を落としているのだから元吉原時代の傾城屋は平民だったわけだ。だから新吉原開基と同時に傾城屋を一般と差別する必要が生じたとみていい。その答は、傾城屋と一般町人、さらには武家階級との区別を明確にするためだったとすれば明解だ。また、傾城屋を平民でなく賎民階級にすれば、奉行所のさらに強い管理監督下におくこともできる。つまり幕府にとって都合の悪い不穏分子やその温床となる遊廓や芝居町など「悪所」を階級的にも一括して区別し掌握しておきたいとする行政的戦略であったとみるのである。さらに新吉原遊廓に隣接した場所にわざわざ非人小屋を置いたことも一括管理の視点でみれば妥当である。

但し揚屋は平民階級でなければ困る。それは武家階級と直に接するのが揚屋だからここが賎民階級であっては何かと都合がわるい。そこでこのような理屈を展開した。

「揚屋は客に座敷と料理を提供するだけで遊女を抱えてはいない。遊女を抱えていないから傾城屋ではない。傾城屋ではないから亡八ではない。亡八ではないから揚屋とは付き合っても問題ない」。

こんな屁理屈も当時の武家社会には必要だったのである。

これの裏付けとなる事例がある。新吉原は別称、吉原五丁町という。これは江戸町一、二丁目、京町一、二丁目と角《すみ》町の五町を指すもので揚屋町は入っていない。また、江戸町など五町には官選の名主がいるが、揚屋町に名主はいない。ここでも別扱い。揚屋町は官から見れば平民の料亭。賤民階級の遊廓ではないのだ。

◇元吉原の揚屋

松本清十郎は石谷ら奉行所の命を受けて揚屋町に特別に立派な家を建てた。大名・旗本ら特別な客のための特別な店である。それが揚屋「尾張屋」である。後に、「その住家の大なるも思ふべし」と称えられた家だ。そして、揚屋は二軒や三軒ではいけない。清十郎は気心の知れた身元のしっかりした仲間を故郷、知多半島・須佐村から呼んだ。そして、尾張・南知多衆の揚屋町が構築されたのである。

なお、『吉原大全』にある、「揚屋町というは元吉原になく、ただ五町のうち二、三軒づつ揚屋ありき」や、『北里見聞録』の、「（元吉原では）揚屋共五丁中所々に住居したるが…」の記載から元吉原にも揚屋があったことは分かる。しかし、『北里見聞録』の、「吉原開基の頃、傾城屋揚屋共尾州の産といへるは見えず」なのだから、元吉原にあった揚屋は尾張の出身者ではないことも分かる。では元吉原の揚屋とはどんなものだったのかというと、新吉原の揚屋のような立派な店ではなかったようだ。

「元吉原の絵図」をみる。この絵図は『異本洞房語園』に描かれたものを様々な本が複写、転写しているものだから多少の誤写も改竄《かいざん》もあろうが大凡に間違いはないだろう。

どの絵図にも、アゲヤ（揚屋）はほぼ二十五〜三十軒ある。そのうち十数軒は固まって「アゲヤ町」の態をなしている。「五町のうち二、三軒づつ

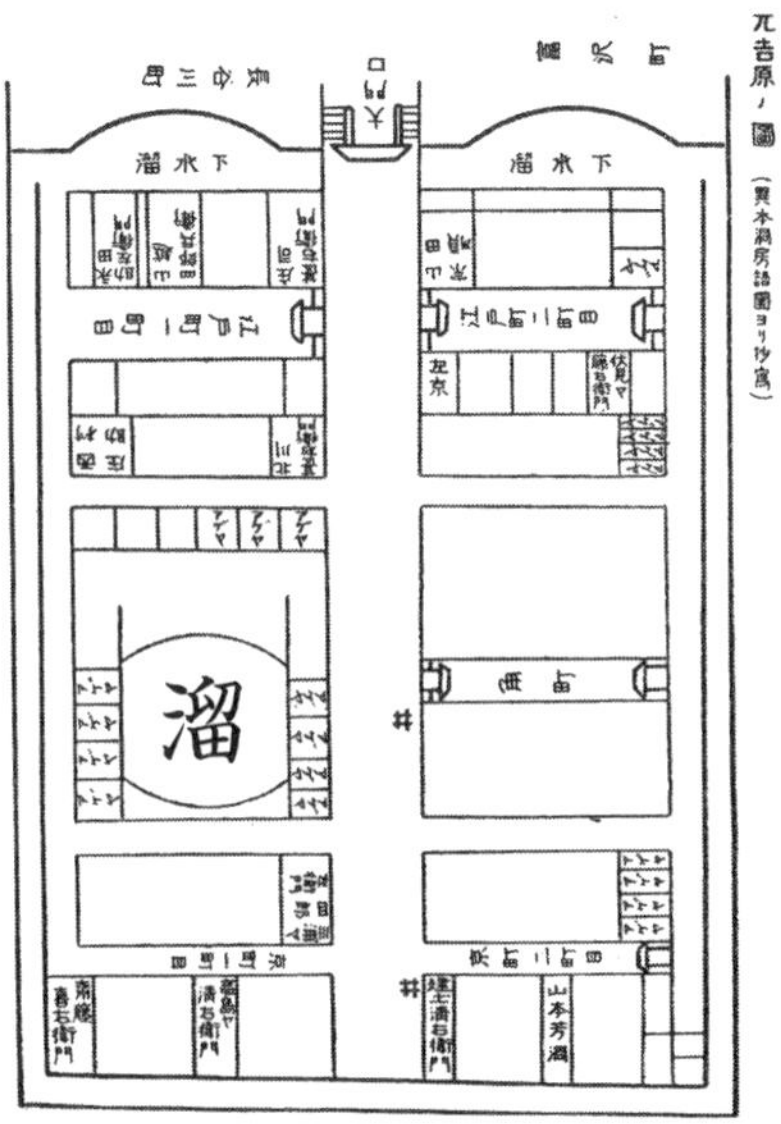

元吉原ノ図　異本洞房語園からの写し

揚屋ありき」ではない。

絵図のアゲヤが集まる一画の真ん中に「溜」が描かれている。「濁」と書いてある絵図もあった。これは池など澄んだ水の溜まりではなく「濁った水溜まり」であろう。そうでなければこんな字は使わないはず。『守貞謾稿』（江戸中後期に書かれた江戸風俗史の基本文献）にも「溜」と書かれていた。

また、「溜」は良くない人間の集まりという意味でも使う。同時期、「浅草溜《だまり》」が実際に浅草にあった。これは非人の集落を指している。これは「溜」が良い意味では使われない典型だ。それから類推すると濁った溜りを囲む粗末な家々という景色が見える。元吉原のアゲヤは上等な店ではなかったと言い切っても間違いではなさそうだ。とても大名諸氏が快適に遊べる家ではなかったのだ。

つまり、元吉原の揚屋と新吉原で開業する揚屋は呼び名こそ同じだが全く別の物。営業の形態も建物の造作も違うものと考えて正解だろう。分かりやすく言えば、元吉原の揚屋は貸間、貸席業、新吉原の揚屋は会員制高級料亭と考えればいいはずだ。

絵図に記される二十五軒の元吉原のアゲヤは、新吉原になると揚屋以外の遊女屋か一般商店に転業させられたのだろう。

新吉原になると揚屋は十九軒。その殆どが新参の南知多衆の経営となった。元吉原時代の揚屋が入る余地は全くなくなっていた。

その揚屋の話。新吉原になって揚屋町に揚屋は十九軒あった。次は『新吉原細見記』の記載である。

△萬治元年新好原好の字此如あり、細見圖　こは明暦二年正月、かぐつちの神のあらびし後、同じ年の八月に千束の龍泉寺村に移されて、新吉原と呼ぶ。その翌年の發版なり、

△揚屋十九軒揚屋町にありけり、

△茶屋十八軒同所にあり、中ノ町は左右とも商人居住して、今とは異なり。

かぐつちの神（火の神）が荒ぶった明暦3年の8月から吉原は千束の竜泉寺村に移され新吉原と呼ばれるようになった。これを書く『新吉原細見記』は、その翌年から発版されたとある。また、新吉原には揚屋が十九軒、揚屋町にあり、揚屋町には茶屋も十八軒あった。中ノ町の変貌の様子も記されている。

後のページで大きく掲載する元禄2年（1689）の『吉原大絵図』で揚屋町の詳しいも

のが確認できる。それは、この『新吉原細見記』から三十年後のものだが、揚屋は十八軒。茶屋は二、三軒増えたようだが、この期間はほぼ安定した状態だったようだ。

◇吉原遊廓の遊興のシステム

ここで揚屋のシステムについてお話しておかねば、万事わかりにくい。

吉原遊廓には二百軒とも三百軒ともいわれる数の遊女を置く店があった。本書では傾城屋《けいせいや》と一つにくくっているが、見世《みせ》、茶屋《ちゃや》、妓楼《ぎろう》などとも呼ばれるものだ。そこで働く遊女の数は、元禄から幕末まで、どの時代もほぼ三千人強のようだ。（禿《かむろ》という遊女見習いも含む。なお、例外的に七千人だった年の記録もある）。その遊女を目当てに男たちがやってくる。

明暦から元禄の頃、客が遊女と遊ぶ手順は概《おおむ》ね次のようだ。

金に余裕のあるAクラスの客は引手茶屋にあがり遊女を呼ぶ。そこで遊ぶこともあるが別の茶屋や妓楼に移動して遊ぶのが粋と言われていた。

Bクラスの客は格子戸のある張見世、中見世で遊女を選んでそのまま見世に上がる。ここが最も標準的なものだったろう。左の挿絵だ。

金のないCクラスの客は町の外れの小見世で安い遊女を買う。後年、例の「おはぐろどぶ」が出来て、羅生門河岸、浄念河岸と呼ばれるようになった河岸の雑多な店。

大雑把だが、そんな図柄である。但し、吉原の街路を歩く男性客の九割は見世の格子越しに遊女を眺めるだけ。冷やかし客だったという。

なお、遊女屋にもランクがあり、Aクラスは大籠《おおまがき》ともいう大見世、Bクラスは半籠《はんまがき》という中見世、その下は惣半籠《そうはんまがき》という小見世である。それぞれ揚げ代にはっきりとした差があった。なお、Aクラスの見世には

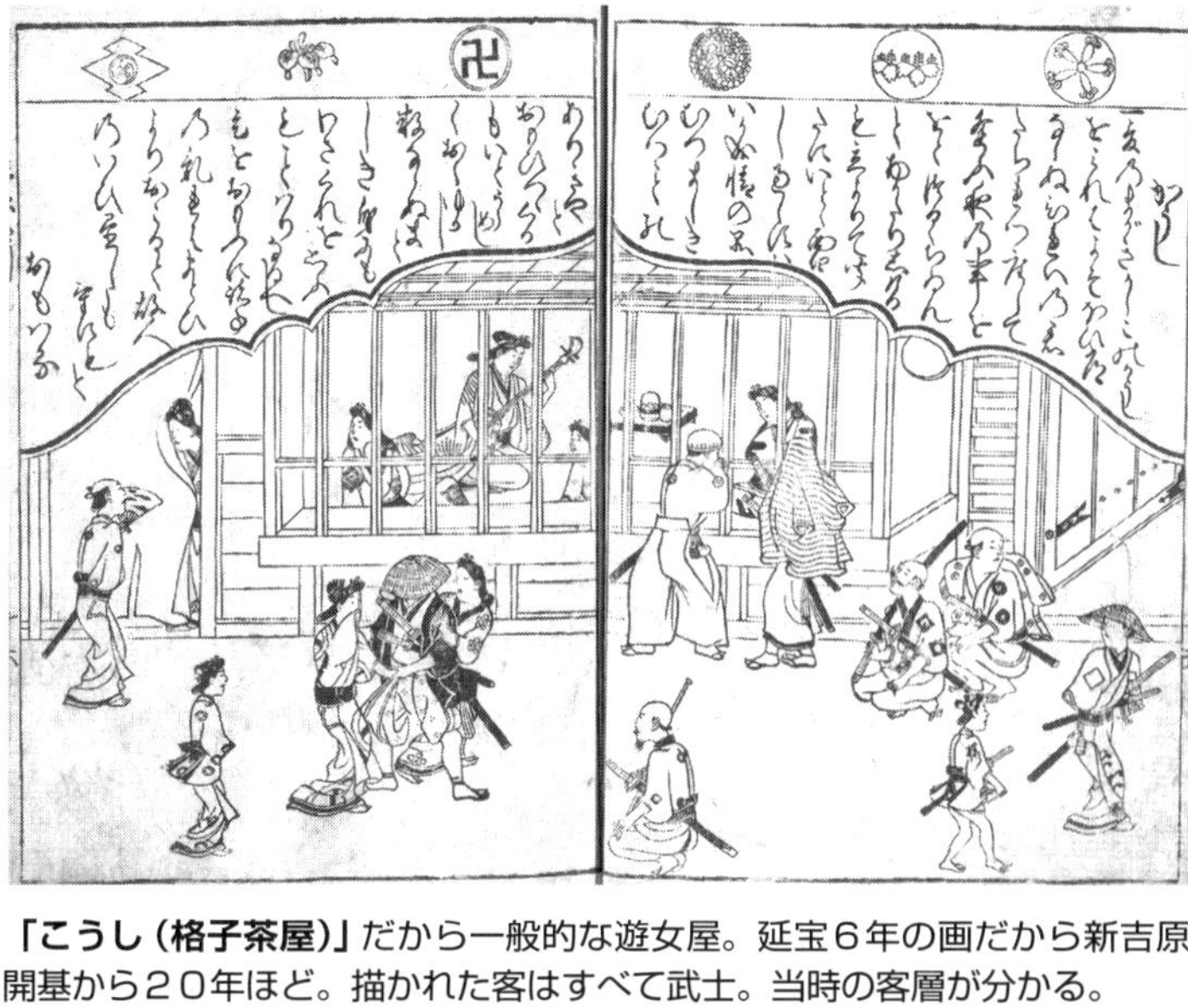

「こうし（格子茶屋）」だから一般的な遊女屋。延宝６年の画だから新吉原開基から２０年ほど。描かれた客はすべて武士。当時の客層が分かる。

『吉原恋の道行』菱川師宣 画　延宝６年（*1678*）次頁の図も

Ａクラスの遊女、Ｂクラスの見世にはＢクラスの遊女がいる。それが吉原の決まりだ。そんなＡＢＣランクのさらに上がある。トリプルＡ客。そのための店が揚屋である。揚屋は、大名や上級武家、大店の旦那衆のための超高級会員制料亭のようなもの。高尾太夫に入れあげた仙台藩主や、「紀伊国屋　蜜柑のように金を撒き」の川柳になった紀伊国屋文左衛門など、金に糸目をつけない大名や大旦那らが客だった。

それらトリプルＡの客たちは一般客と同じ空間に居ることを好まないので吉原は特別の町・揚屋町を設けて彼らを受け入れた。分かりやすく言えば、伊達の殿様が町人の熊さん、八さんと同じ座敷で遊べるはずもないのだ。

そんな一般人とは交わることのない客が揚屋に

一、貴殿御かかえの長門どの御ひまに候はば御かり申したく候
御客の儀は慥成る御方にて御法度の御客にては無御座候
為念如件
月　日
揚　屋　清十郎　印
月行事　善右エ門　印
三浦屋四郎左エ門殿

揚屋差し紙　揚屋が遊女を所有する妓楼に花魁の出張（借用）を依頼する書面。客の身元を保証する決まり文句。この書状が伝票にもなった。このひな形は『吉原雑話』（正徳・享保年間＝1711～1736）から。差し紙もその時代のもの。

来ると、主人は傾城屋（茶屋）に書状（揚屋差し紙）を持たせた使いを走らせて遊女を呼ぶ。客はご馳走を食べながら遊女の来るのを待つ。料理は本格的な会席料理だったことが下の挿絵でわかる。

揚屋ではない見世の遊興の様子を描く図もよくあるが、そこに見える料理は取り箸を置いたままの硯蓋《すずりぶた》という「重箱」（今風に言えばオードブル）である。会席膳など見たことはない。

重箱の料理は台屋と呼ぶ仕出し屋から取る。値段は二朱から一分（二朱は一両の八分の一。一分は一両の四分の一）で安くはないが原価はその一割以下で、味は「まずいこと

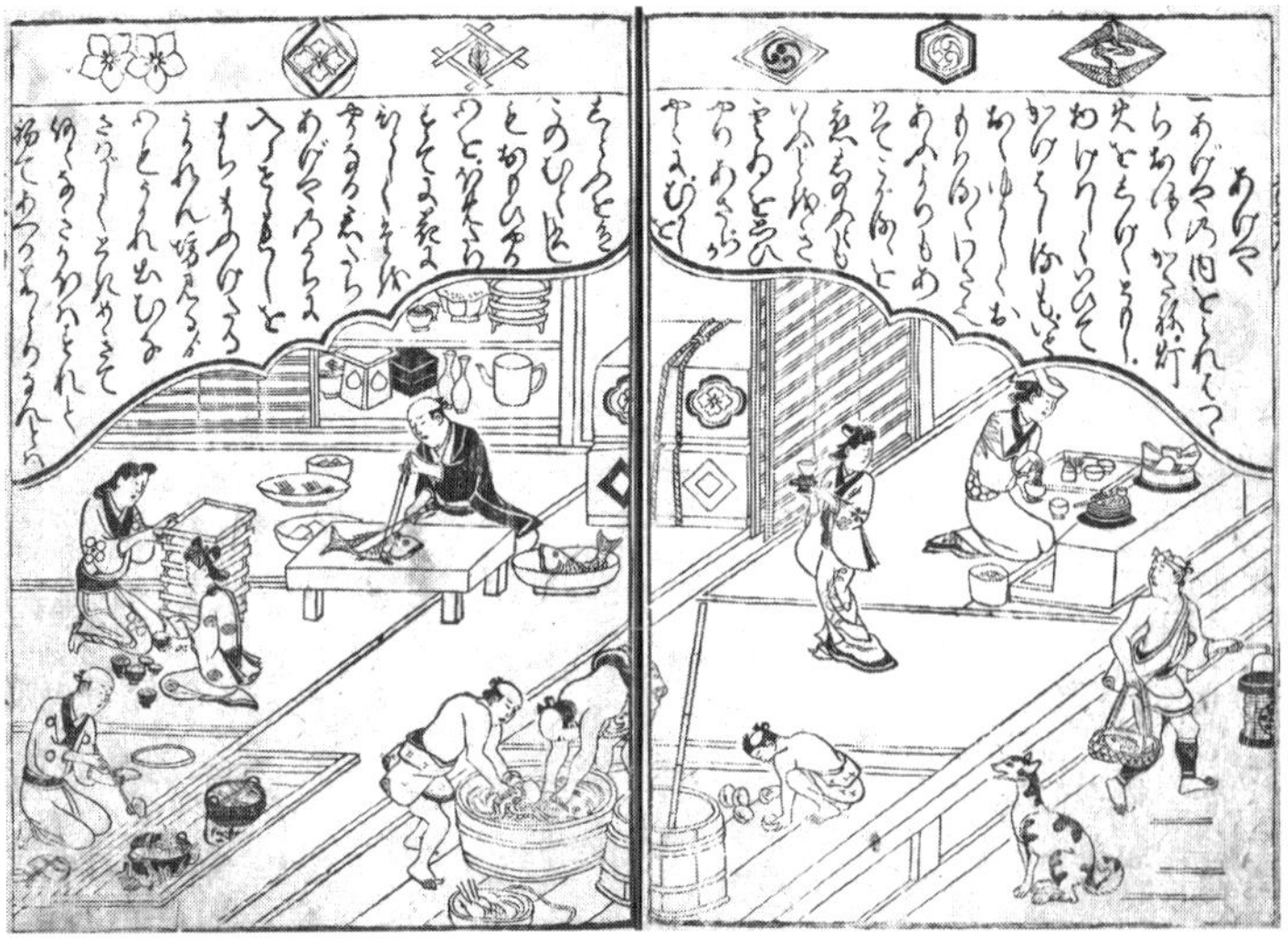

「あげや」の調理場の画。揚屋は料亭だった証明のような図。羽織姿で魚をさばく板長、鍋の前が煮方、裸で下ごしらえする若い衆。膳を使った本格的な会席料理だったことがわかる。右では茶の準備。茶筅を使った抹茶。

は驚くべきほど」。それは遣り手がカスリをとるのが原因という。（＝石井良助氏）

さて、揚屋からお呼びのかかった遊女は揚屋町に向かう。禿《かむろ》・振袖新造《しんぞう》と呼ばれる若い遊女見習い、男衆らを十数人も従えた太夫《たゆう》や花魁《おいらん》と呼ばれる遊女は独特の歩みで、そろりそろりと揚屋に向かう。これが吉原名物の花魁《おいらん》道中である。

春は満開の桜並木、夏は七夕の笹飾り、秋は彩りも豊かな紅葉の木々、冬は正月の縁起飾り。そんな季節の装飾が華やかに施された吉原のメインストリートである仲之町通り。そこに花魁道中が差し掛かる時、吉原遊廓は大輪の花が咲き揺れるように輝くのである。

行列はファッションショーでもある。見るのは一般客。黒山の人だかりだ。そして道沿いの見世見世の格子戸の中から多くの遊女たちもこれを見ている。遊女にとっては垂涎《すいぜん》のシーンだ。「明日は私が…」の憧れの目で煌《きら》びやかな行列を見ていたはずだ。

傾城屋から揚屋までの距離は、長くても百《メートル》あるかなしか。その短い距離を普通に歩かず駕籠も使わず、花魁と贅奢《ぜいしゃ》な遊びを見せる。これ見よがしのセレモニー。これが吉原遊廓の高いステータスを演出していたのである。

そして花魁道中のもう一方の主人公は揚屋の座敷で行列の到着を待つ男。大枚を惜しげもなく振舞い、悠然と床の間の前に陣取る男。この男のある種のスター性がまた、吉原を支えたのである。

そんな特上の客を「大なる家」の豪華な座敷で豪華な食事でもてなすのが揚屋。だから揚屋の仕事は特上の座敷と雰囲気作り。反面、傾城屋は美しく教養もある質の高い遊女を育成するのが仕事。それに全力を挙げればいいのだ。

座敷は揚屋。遊女は傾城屋。見事な棲み分けで吉原は栄えていたのである。また、国の方針である武家と一般人の棲み分けも見事に成功していることも分かる。

さらに花街・吉原なのだが、凄い副産物が生まれた。江戸文化である。江戸生まれのほとんどの芸事の発信地は吉原だったと言っても過言ではない。浮世絵しかり、歌舞伎しかり、河東節など音曲しかり。江戸文化は吉原抜きでは語れない。

◈大名貸の両替商・石黒五兵衛

揚屋での大名・旗本や大店の旦那衆の遊興費は帳面、いわゆるツケである。揚屋は後日、売掛金を回収して太夫ら遊女が所属する妓楼に支払うシステムである。

当日の揚屋の遊興費は、遊女の揚げ代、芸人の給金、飲食費、席料などだが、やって来る人数が凄い。

花魁（太夫）を揚屋に呼ぶと多くの人が付いてくる。新造《しんぞう》という太夫見習が数人、禿《かむろ》という太夫の身の回りの世話をする少女が数人。ここに番頭新造と呼ばれる女性マネージャーが付く。遣り手婆も何故か付いてくる。さらに男衆だ。花魁道中の先頭を金棒を突き鳴らしながら歩く露払い。提灯持ち。傘持ち。花魁の側を歩き、歩行の補助をする肩貸し。これでざっと男女十数名の一団だ。客の目当ては花魁一人だろうがそうは問屋が卸さない。この一団の費用は全部、揚屋に陣取る客が持つことになる。

この一晩の代金は二十両（現代価値で一両を十万円と勘案すれば二百万円）とも三十両ともいわれているが、そもそも金に糸目を付けぬお大尽の遊び。金の心配などしたことがない連中だ。「今宵はいくら掛かったの？」と訊く方が馬鹿らしい。

『あずま物語』（寛永19年刊）や『傾城色三味線』（元禄14年刊）には遊女の値段が細かく書いてある。それには太夫で三十五匁（約六万円）～七十四匁（約十三万円）ほどとあるが、その程度の金額で済むのなら大名家にお家騒動が起こったり、老舗の大店が傾いたりはしない。われわれ庶民感覚では計り知れない金が動いたのである。

揚屋の料金はツケなのだが、当日、現金が一切いらないわけではない。祝儀という名のチップは要る。これはツケというわけにはいかない。祝儀を渡す相手も多い。渡し先は太夫の一団に加え、揚屋の仲居や料理人にも要る。相当の金額になる。

客が大名なら側用人が祝儀を配る。さていくら包むのだろう。現代に置き換えてみる。高級料亭で芸者さんに渡す心付け、高級クラブでホステスさんに渡すチップ。ぼくには経験はないが、やはり一人に五千円や一万円はいるよね。もっと要る？

吉原ではそれを何十人にも配るわけだ。さらに思わぬところから手が出てくる。「吉原でいっち高いは婆《ばばあ》なり」という川柳があるが、何か言うたび頼むたびに遣り手婆の手が出て来るようだ。また、幇間《ほうかん》（太鼓持ち）の値段があった。一座敷で一両。そして祝儀が二分とある。二分は現代換算で五万円。これが相場なら祝儀は相当高い。

側用人がそれだけの現金を用意していれば問題ないのだが、吉原で遊び呆けている殿様の藩が豊かで健全財政であるとは限らない。その逆の方が多いだろう。

そんなケースを見越してか揚屋町に思わぬシステムがあった。

清十郎の店、尾張屋の一室である。

手許不如意の側用人は尾張屋の一室に行く。そこには石黒五兵衛という男がいる。

彼の止宿先は吉原の京町なのだがお得意様がやってくると尾張屋に来ている。仕事は両替商という名の金融業だ。

某藩江戸屋敷の側用人はこの一室の馴染みである。

「五兵衛はおるか」

「これはこれは御用人様、五兵衛でございます」

「本日も少々用立てよ」

「承知でございますが、先般の尾張屋の払いも済んでおりません。そろそろ精算せねば清十郎殿も困りましょう。遊女屋には清十郎殿が立て替えておるそうです」

「ならば、その分も貸しておけ。先般の料金はいくらじゃ。何？　五十五両？　高いが致し方ない」

「御用人様、これが証書でございます。先般の尾張屋の払いが五十五両、今お入り用が十五両。合わせて七十両でございます。ここにご一筆願います」。

てな調子で五兵衛は大名に貸し付けを重ねていた。

石黒五兵衛は知多郡須佐村字半月《はんつき》の人。新吉原に進出した揚屋の主人たちと同郷。小さな村だ、幼馴染みで昵懇《じっこん》の仲だろう。そんな揚屋の主人たちと五兵衛は裏で通じ合っているとみなければならない。

揚屋は散財して金がなくなった大名に五兵衛を紹介する。五兵衛は金を貸す。大名はその金でまた揚屋で散財をする。それを繰り返すのだ。揚屋は大名からツケを回収する難仕事から逃れられる。五兵衛は儲かる。そして揚屋たちにそれなりのキックバックもしていたはずだ。

「故郷、須佐村の松本清十郎」の章で書いた清十郎が寄進した小佐の薬師堂。その施主を記した棟札には、大きく「関喜太夫」、そしてその下に小さく「松本清十郎」と「石黒五兵衛」の名が並んで記されている。関喜太夫は千賀志摩守の家臣で須佐村に代官として居住していた人。棟札をそのまま読めば薬師堂の施主は関でそれを補助したのが清十郎と五兵衛にみえるが、そうではないようだ。澤田次夫氏によれば、「地元の代官である関は名ばかりのものであって、その下に小さく謙遜して書いてある五兵衛と清十郎が実際の施主であったに違いない」。同感である。

そして一つ謎も解けた。この立派な薬師堂を寄進した二年前に吉原は火災で全焼。

清十郎の尾張屋も焼けている。なのによくもこんな大金が要る寄進ができたものだと不思議がっていたが、五兵衛がいたので金の心配などなかったのだ。清十郎の金庫は五兵衛が燃えないところにちゃんと保管していたのだろう。

五兵衛の資金力は相当なもので、「享保年間に石黒は諸国の大名（主に中・小）に数万両を貸し付けていた」（澤田氏）という。彼が吉原に進出したのは明暦3年（1657）。もともと大枚の資本金を持って南知多から進出して来たわけはない。清十郎とそのバックにいる人の資金を元手に五十年ほどでここまで大きくしたのである。ならば五兵衛の金主元は誰なのだろう。河村瑞賢かもしれない。

そして驚くべき、かつ貴重な記述をみた。

昭和11年（1936）のこと、石黒五兵衛のご子孫が同家に澤田次夫氏を招き、蔵に仕舞われていた古い手紙を出してみせた。その中に五兵衛が老中土井大炊頭《おおいのかみ》利勝の三男能登守利房（越前大野城主）に貸した二千両が焦げ付いてしまって度々請求を繰り返すという、いざこざの書状があった。このいざこざは享保13年（1728）に五兵衛が吉原から南知多・須佐村に帰郷した後も続いていたという。

二千両といえば今なら二億円。回収できたかどうかは不明だが、五兵衛が大名貸をしていたこと、吉原で凄い額のあぶく銭が行き来していたことはよく分かった。

さらにこんな話が南知多に残っていた。

「元禄の初め頃、須佐村の男が二人で奥州伊達へ集金に行った。ところが伊達藩領内に入った後に行方不明になり、遂には帰郷して来なかった。噂では伊達の家老に斬り殺されたという」。

――これは伊達の殿様が吉原でつくった借金の回収で貸し主は五兵衛。集金に行った二人は五兵衛の手の者、という記録はない。だが、何かきな臭い。帰郷できなかった二人の無念を受け止めてここに書いておく。

五兵衛が吉原を撤退したのは享保13年申。八代将軍徳川吉宗が疲弊した幕府の財政を立て直すため享保の改革を行った時代の最中である。これは江戸三大改革の一つといわれる厳しいもの。大名たちもとても吉原遊びというわけにはいかない。したがって五兵衛の出番はなくなったのであろう。

元吉原の名主は新吉原から排除

◇吉原移転時の最大の謎

松本清十郎ら尾張国南知多衆の突然の出現について考える。

これは凄い謎である。一筋縄ではいかない謎である。なぜ凄いかというと、徳川幕府が謎にすることにした謎だからである。だから幕府は謎解きを好まない。そして今日まで三百数十年、謎のままになっていたのである。

廻りくどい言い方はやめる。ストレートに言う。元吉原遊廓を支配していた有力者・名主たちは幕府によって辞めさせられた。そして新しく吉原遊廓を支配する有力者を幕府が招聘《しょうへい》（連れて来た）したのである。

当たり前のことを確認する。吉原遊廓は幕府公認の色町・公娼の町である。だから

町の運営や支配者は幕府が決める。江戸時代は民主主義社会ではない。町の名主や村の庄屋は民選ではない。すべて官選。吉原の町も同様、官選の名主や名代がいて町を治めていたのである。

それらを頭の片隅に留めて次を読んでほしい。

元和4年（1618）に元吉原遊廓が開基。江戸に公娼の街が出来た。元吉原の詳細な記録は殆どないが、町絵図が『異本洞房語園』などにあり、そこには十三名だけ氏名が記されている。

大門口の左側、江戸町一丁目に、庄司甚右衛門、山越四郎兵衛、永田助左衛門、北川甚右衛門、西村庄助。大門口の右側、江戸町二丁目には、山田宗順、左京、伏見屋藤右衛門。遊廓の一番奥の京町一丁目には、三浦屋四郎左衛門、高島屋清右衛門、斎藤喜右衛門。京町二丁目には、建土清右衛門、山本芳順。

以上が、名を記された全部である。元吉原には百七十一軒の店舗があったのだが、この十三名が元吉原の有力店、有力者だったとみていいだろう。

しかし、この十三名で後の新吉原で名が残っているのは高尾太夫で有名な三浦屋四郎左衛門だけで、他の名は見えない。

そして元吉原は明暦2年（1656）に幕を閉じる。たった三十八年間の営業だった。

その年、明暦2年10月、遊廓は浅草田圃への移転を命ぜられた。同年11月27日に移転の補償金一万五百両を受け取っている。氏名、金額など詳しい内容は、「明暦二申年十一月新吉原町代地之節『引払料金割控扣帳　拝領金子請取覚』」（三田村鳶魚『未刊随筆百種』）で分かっている。

この記録にある当該補償金の総額を計算すると九千八百五十五両二分だった。これでは一万五百両より少ない。不足の六百五十両は当日何かの事情で渡さなかったのか、あるいは簿外処理かもしれない。ともあれ、保証金受取人の総数は約百七十一名。それが元吉原の傾城屋を含む全店舗数と考えていい。この『扣帳』によると間口一間につき十四両の計算で補償金が出ている。間口一間とは即ち二十坪とある。

さて、その『引払料金割控扣帳　拝領金子請取覚』に全店舗を代表して請取手形に記名捺印したのは十名である。

甚助、喜兵衛、次右衛門、源蔵、喜左衛門、清左衛門、市兵衛、太兵衛、又左衛門、芳潤。

一万両もの金子を百七十一名を代表して受け取るのだから、この十名が元吉原の代表者とみていい。町の名主もこの中にいるはずだ。

ところがである。この十名が、先の元吉原の大店の絵図にある十三名と見比べると、どんぴしゃの同一人物は皆無。つまり、元吉原遊廓開基の頃の有力者は、元吉原閉鎖の頃は有力者ではなかった。有力者は変化していたのである。

長い時代経過があったのならそれも解かる。しかし、たったの三十八年。その短い年月に創業者の全員が死亡したり、代替わりしたり、あるいは先代の名を誰もが継がなかったなどはあり得ない。また、公娼遊廓という特殊な業種、官許の町。経営者が自分勝手に頻繁に入れ替われるものではない。

しかし、有力者と思われる全員の名が変わっている。姓や家号が省かれているので断定はできないが平常なことではない。何かあったのだ。

人名について付け足せば、元吉原開基時にある「庄司甚右衛門」は、後年、「又左衛門」に改名（踏襲）しているので、この又左衛門は庄司の子孫や後継者とも思えるが確証はない。さらに芳潤は芳順の誤字だと強引に言ったところで全体の八割は違う。

大事なことなので繰り返して、元吉原開基の有力者と、閉鎖時の有力者の名を比較してみる。

○開基時（閉鎖時と比較するため、姓や屋号は削除してみる）

甚右衛門、四郎兵衛、助左衛門、甚右衛門、庄助、宗順、藤右衛門、四郎左衛門、左京、清右衛門、喜右衛門、清右衛門、芳順。

○閉鎖時

甚助、喜兵衛、次右衛門、源蔵、喜左衛門、清左衛門、市兵衛、又左衛門、、芳潤、太兵衛。

名が同じ人は皆無。代替わりして名が変わったのだろうという向きもあろうが、この時代の商家・大店は、代々、姓も名も踏襲するのが普通。吉原でも三浦屋四郎左衛門や尾張屋清十郎は代々踏襲している。右の人の全部が例外だったとは考えられない。

これで元吉原開基時と閉鎖時の有力者（名主）が異なることは、はっきりした。

そして重要なこと。冒頭で抑えたように町の名主は民選ではない。官選である。閉鎖時の十人が町を代表する名主とするなら、それは奉行所が指名した人たち。奉行所は開基時の十三名を名主などから排除したのである。追放したと言ってもいい。

◇元吉原の名主クラスが追放されたわけ

元吉原時代の十三名の有力者は何か奉行所に不都合をして排除されたのか？　もしそうならばお縄にすればいい。強引に死刑にだって出来る時代だ。しかしそんなことはしていない。立ち退き料まで渡して穏便に有力者を交代させている。

ただ一つ、明確に見えるヒントは、交代にあたって旧の有力者たちから奪った「市民権」についてである。つまり、命は奪わないが平民階級は剥奪《はくだつ》して賤民として生きろと命じたのである。賤民に落とされても傾城屋として商売を続けるのなら経済的には困らない。しかし社会的地位は失うのだから社会的な活動、政治的な活動はできなくなる。これが幕府の狙いだったとみることができるのだ。

なぜ幕府は元吉原の有力者にこのような扱いをしたのか。なぜ新吉原に新しい人材を招聘《しょうへい》し新体制を作ったのか。

難題だが有力な説があった。これが真実なら謎がすとんと解ける。

元吉原の名主たちは豊臣の残党だった

◇元吉原公許は浪人の叛乱防止の政策

次の論文が残っていた。澤田次夫氏が昭和44年に発表したものだ。

元吉原開基の有力者は豊臣の残党で、彼らの叛乱を抑えるために幕府は公娼の町の経営をさせたというのである。そして吉原開基の祖と言われている庄司甚内は千賀志摩守の重臣・稲生水軍の船手だったというのだ。

（知多半島）東海岸亀崎村の水野家の船手稲生重政も主家廃滅後、親戚を頼って師崎の千賀家へ寄食した。慶長年間、家康に属して九州の朝鮮出兵兵站基地に赴いたこともあり、また大坂冬の陣に豊臣方の大船数隻を捕獲するという大

功をたてた。のち、尾州家直参の家来になった。

（豊臣が敗れ）知多郡の浪人たちも、上級の者はなりわいも一応片付いていたが、中以下の者は知人の多く住んでいる江戸へ出て、一旗あげようとして吉原で集団生活をしていたものらしい。

庄司甚右エ門（初名は西田甚内）、山本助右エ門（芳順）、永田勘右エ門、山田山三郎（宗順）、斎藤喜右エ門、西村庄助、北川甚右エ門、三浦四郎左エ門らがそれである。

彼等は京、大坂の経験者を招き寄せ、師匠として遊女屋、揚屋を営んでいたのである。元和四年（1618）元吉原公許については、彼等は新進の庄司甚右エ門を表面に押し立てたのである。彼は知多郡緒川の水野家の船手、稲生氏の家臣だったらしく、その関係で千賀氏は勿論、幕府の要人にも顔がきくためであったらしい。三浦四郎左エ門は彼等の中では長老であったが、三河一向一揆の際、家康に敵対して活躍した経歴があったため、願出の件は遠慮したものであろう。それにしても本多佐渡（水野氏一族、若年の折、浪人）、土井大炊（水野氏庶子という）などという、幕府の錚々なる大名が蔭で彼等を援助したものに違いない。吉原公許も彼等浪人の生活の資を得るためのものであったが、結局は豊臣の残党を取締まるためのものであって、彼等は徳川の手先に利用されたまでのことである。（圏点は筆者）

吉原遊廓の歴史にはまるでないこの説だが、登場する固有名詞の多くは史料で確認できるものでもあり、頷くところも多い。

実際、おおっぴらにされてはいないが大坂城落城後の一時期、組織を失った下級武士、行く当てのない浪人らが民家に略奪に入るなど乱暴狼藉《ろうぜき》が日常化、大坂のみならず畿内一円は無法地帯化していたことは知られたことだ。その平定に苦慮した幕府は、同じ混乱を江戸で起こさぬように様々な手を打った。その一環にこのようなことがあったとしても違和感はない。

禄を失った浪人を放置すれば幕府にとって面倒な存在になりかねない。そんな彼らを「喰えるようにしておく」ことは有効な治安対策だ。そして、「あまり太らないようにコントロールする」こと、「力を持ちすぎれば潰す」ことも重要な施策だったろう。

その意味でこの澤田論文は的を射ている。三田村鳶魚門下と思われる澤田氏は鳶魚流に倣《なら》ってか出典元や取材先を明記しないスタイルだ。だから裏取りが難しく確定的なことを言えないのが残念だが、この仮説を覆す反論も簡単にはできないだろう。

まとめればこうなる。

豊臣の残党浪人の対策として幕府は遊女屋を公許。公許とすることで浪人たちを監督下におき謀反《むほん》などの動きを封じた。

そして三十年。傾城屋になった元浪人たちは徐々に資金力もつけ、市中での発言力も持ち始めた。その頃の江戸には武断政治から文治政治への改革のしわ寄せで失職した浪人が集まっていた。中には昔の縁を便りに今は傾城屋として羽振りの良い元浪人の所に寄食する者もあった。そこに他の浪人たちも酒食を求めて集まってくるのは当然の成り行きである。そして元吉原を中心とした日本橋人形町の一帯には不穏な空気を持った浪人たちの塊《かたまり》が出来つつあった。

それを見て幕府は不安を抱いた。折から武家屋敷不足、都市計画の再整備が叫ばれていたこともあり、それを口実にして、実は「悪所」の郊外追放。「不穏分子」の郊外追放策に出たのである。

その旗振り役は石谷貞清北町奉行。彼は元吉原遊廓を支配していた元浪人の傾城屋たちを一括して排除。そして千賀志摩守所縁の南知多から松本清十郎ら新しいリーダーを招き、悪所を幕府の監督下に置くことを急いだのであった。

前章で書いた元吉原の有力者十三名と、この澤田論文に名がある八名を照らし合わせる。すると。庄司甚右エ門、山本芳順、山田宗順、西村庄助、斎藤喜右エ門、北川甚右エ門、三浦四郎左エ門の七名がダブっている。このうち三浦を除く六名は新吉原では名がない。六名は排除されたのだ。

ではなぜ三浦屋だけ新吉原でも引き続き大店を張って生き残っていたのか。これは簡単に答えられる。三浦屋には稀代の名妓・高尾太夫がいたからだ。高尾は陸奥仙台藩主・伊達綱宗が通い詰め、あげくは伊達騒動の原因になったといわれるほどの美形。凄い魅力を持った花魁だったようだ。高尾には伊達の殿様ばかりでなく多くの大名や高官の贔屓筋《ひいきすじ》も当然いたはずだ。

そんな高尾太夫の立場を悪くすることはしにくい。高尾のバックにいる大名たちの顔も見え隠れする。さすがの石谷も、高尾すなわち三浦屋には遠慮。つまり忖度《そんたく》したのである。高尾太夫恐るべしである。

その面当てのように、庄司甚内の末裔、庄司勝富が書いた『洞房語園』に三浦屋があまり登場しない。三浦屋は吉原を代表する大妓楼である。吉原を語るに欠かせない花魁の高尾、小紫、吉田などもいる店なのに掲載頻度があまりにも少ない。これは勝富の腹の中、言うまでもなく庄司家が三浦屋を快く思っていないからだ。元吉原の有力者が全滅する中で三浦屋だけが生き残った。そのジェラシーなのだと言うと、やぶにらみが過ぎるだろうか。

◇甚内は稲生家の家臣。つまり千賀の配下

さて、これも面白い。

「庄司甚右エ門は知多郡緒川の水野家の船手、稲生氏の家臣だったらしく」はまさに瞠目の一文である。これを契機に庄司の出自を少々丁寧に調べてみたがどれも曖昧。というか全く不明という方があたっている。

庄司甚内の曾孫という庄司勝富が主張する甚内の出自は小田原の北条氏の下級家臣

だったというもの。だが、その記録はないらしい。また、東海道吉原宿の出身とも、駿河の宿屋の主人だったともいわれているがどれも巷説・風説の域を出ていない。

出自はともかく庄司は元吉原では「おやじ」と呼ばれ、その墓も江東区三好に立派なものがある。その彼を揶揄《やゆ》するつもりは決してない。ただ、幾つかの説の中に「庄司は知多郡・稲生氏の家臣だった」を加えてもよかろう、と言いたいのである。

さらに庄司が千賀水軍配下なら、こんな推理も成り立ってくる。

大坂の陣の終盤、家康の密命を受けた千賀志摩守は大坂から淀（茶々）を救出する作戦を断行した。

家康は織田信長の血を引く浅井三姉妹（茶々・初・江）のすべてを政争のカードとして手に入れたかったのである。初（徳川側、京極高次の正室）と江（徳川二代将軍・徳川秀忠の正室）は既に手許にある。後は茶々だけ。彼女たちを掌中にすることは織田シンパを掌中にすることなのだ。

下命を受けた千賀の重臣・稲生《いのう》猪右衛門重政の水軍は、大坂木津川港口で豊臣の御座船を確保した。御座船には多くの侍女にかしずかれた姫御前と、おびただしい宝物が積まれていた。その姫御前が淀、その人であった。

稲生は淀を乗せ、宝物も積んだ御座船を知多半島の千賀領・師崎《もろざき》に曳いて帰った。そして淀は師崎の延命寺に「玉姫」と称されて匿われたのである。「洛中洛外図屏風」等の宝物は今も延命寺に残っている。その御座船は後に大阪丸と改名して尾張藩に献上された。見事、淀殿救出成功、稲生の大手柄であった。

（「淀殿は知多半島に逃れていた」『知多半島郷土史往来5号』西まさる著より）

さてさて、その稲生水軍の船手の中に庄司甚内がいて、淀殿救出作戦成功の褒美に江戸に居住を許され、さらに吉原の傾城屋の主人にしてもらった――。

という仮説だ。澤田論文と連動して一考すればどうだろう、実に愉快ではないか。

延命寺の位牌堂。稲生猪右衛門の立派な大きな位牌。千賀家高官の位牌も並ぶ。様々な宝物も同寺にある。

新吉原の揚屋の殆どは南知多衆

◇揚屋十八軒のうち十三軒が南知多衆

元吉原を造り、遊廓を支配していたのが前章で述べた豊臣の残党だったとすれば、実に分かりよい。だが、確証がない以上、断定もできない。しかし、新吉原の揚屋の

吉原大絵図
(元禄2年)
挙屋町(揚屋町)の部

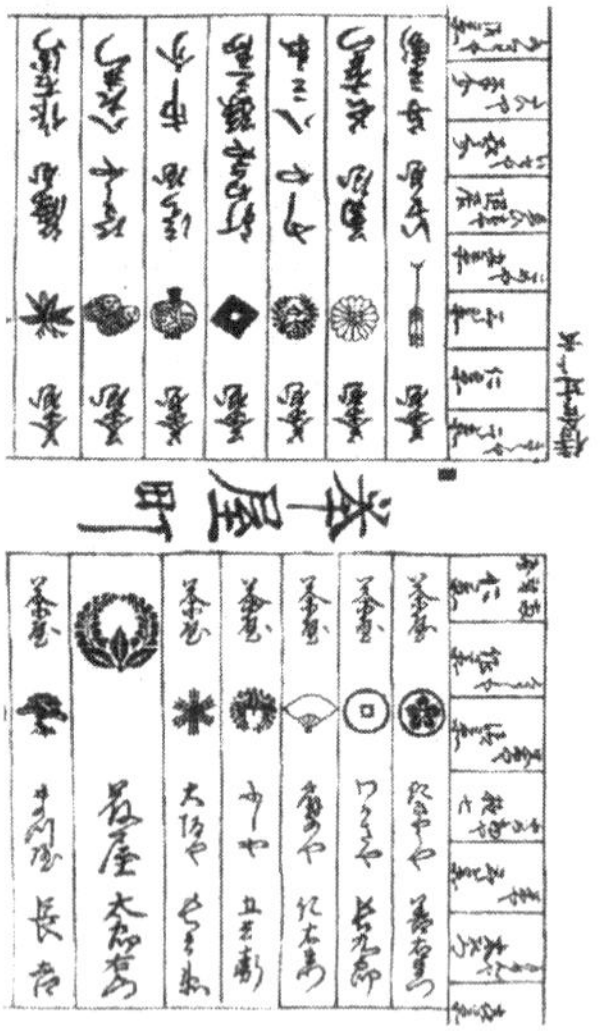

★藤屋太郎右衛門

〔注〕
☆印は南知多出身と確認できた人。名前の下は確認の根拠。
★印は未確認。

桐屋市左衛門★

尾張屋清十郎☆
（光明寺に過去帳＋寄進記録）

桔梗屋久兵衛☆
（光明寺に過去帳＋寄進記録＋位牌）

笹屋仲右衛門★

俵屋三右衛門☆
（光明寺に過去帳＋寄進記録）

和泉屋半四郎☆
（光明寺に過去帳＋寄進記録＋位牌）

（正衆寺に過去帳）井筒屋喜兵衛☆

（澤田資料）太右衛門☆

松葉屋六兵衛☆
（光明寺に過去帳＋寄進記録）

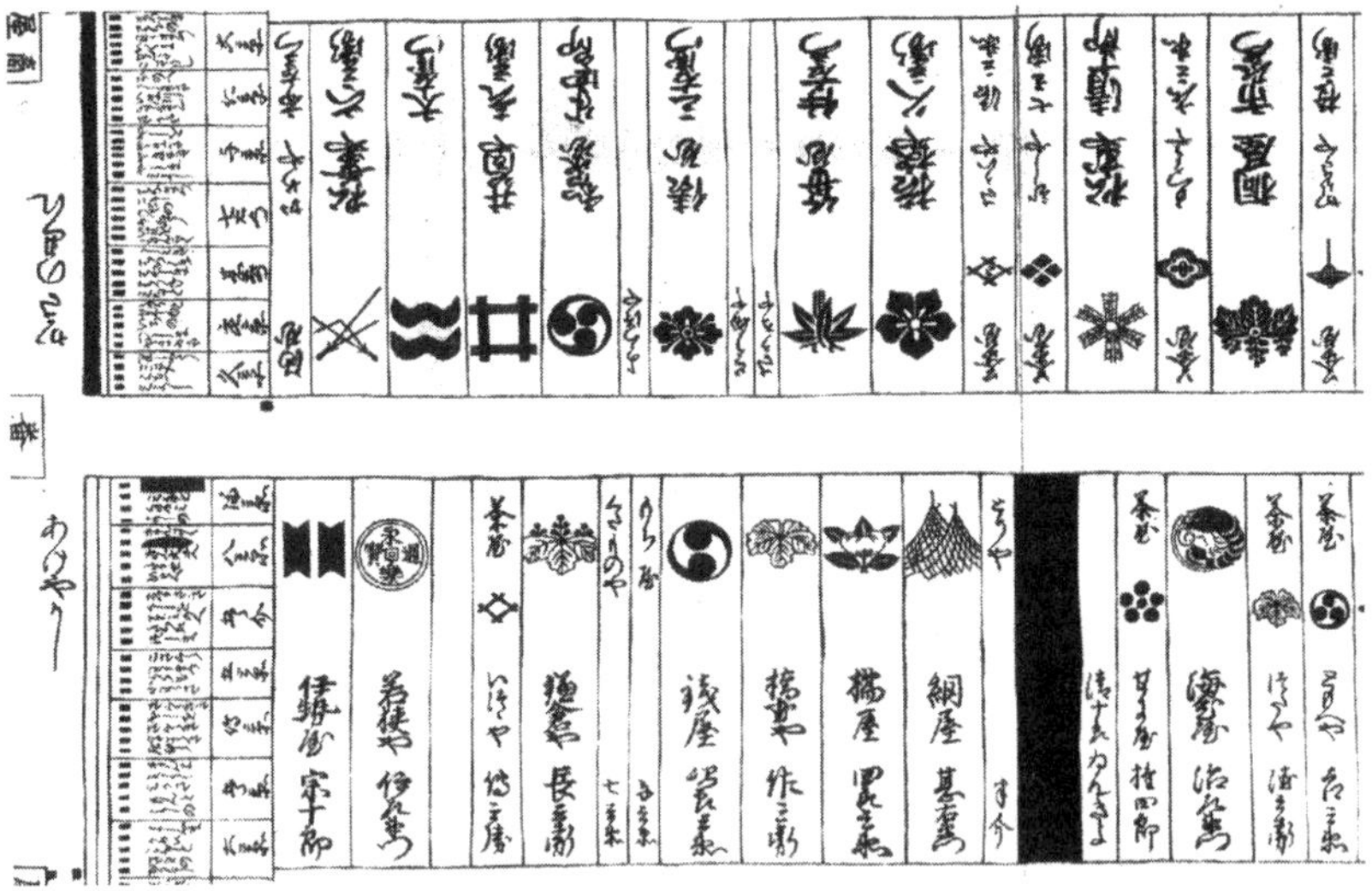

☆海老屋治右衛門
（光明寺に過去帳＋寄進記録）

↑清十郎いんきょ

☆網屋甚右衛門（澤田資料）

☆立花屋〈橘屋〉四郎兵衛
（光明寺に過去帳）

☆橋本屋作兵衛
（正衆寺に過去帳）

☆銭屋次郎兵衛
（光明寺に過去帳）

★鎌倉屋長兵衛

★若狭屋伊左衛門

☆伊勢屋宗十郎（光明寺に過去帳）

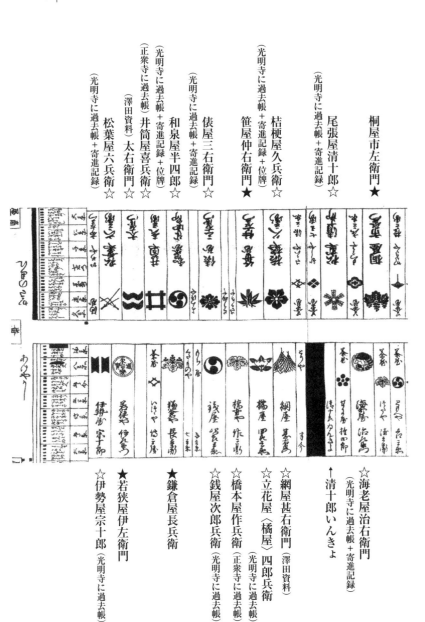

ほとんどが尾張・南知多衆だったこと。これは断定できる。

揚屋は、万治元年（1658）に十九軒（『新吉原細見圖』）確認でき、前の頁に掲載の元禄2年（1689）の『吉原大絵図』にも十八軒ある。その内十三名が尾張・南知多の人であることが確認できた。残りの五軒（五名）も知多半島の人でないということはまず考えにくい。それは新吉原から新しく変わった揚屋の制度は、奉行が松本清十郎に委任し彼が全てを取り仕切ったものと考えている以上、全ての揚屋が清十郎から声が掛かったとみる方が自然だとみるからだ。また、この調査は須佐村の数軒の寺院のみのもので知多半島の他の地区には調査が及んでいないのだから、遠からずそれは発見できるだろう。

◇出身地の確認、過去帳など

彼らの出身地確認の根拠を示しておく。その過去帳や位牌などの写真も手許にあるが公表を躊躇された寺社もあったので、ここではすべて公開しないこととした。

☆尾張屋清十郎＝光明寺に過去帳＋祠堂金二十両（延宝二寅年）ほか。松本清十郎。

☆桔梗屋久兵衛＝光明寺に過去帳＋祠堂金十五両（元禄九丙子歳七月朔日）ほか。
☆俵屋三右衛門＝光明寺に過去帳＋祠堂金十五両（宝永六年）＝俵屋（松田）四郎兵衛。
☆和泉屋半四郎＝光明寺に過去帳＋位牌　＊和泉屋（松本）権助と混同の疑義もあり。
☆井筒屋喜兵衛＝正衆寺に過去帳＝宝永七年（＝澤田資料）
☆揚屋太右衛門＝（澤田資料による）
☆松葉屋六兵衛＝光明寺に過去帳＋祠堂金二十両（享保五子年）松葉屋善兵衛
☆海老屋治右衛門＝光明寺に過去帳
☆網屋甚右衛門＝（澤田資料による）
☆橋本屋作兵衛＝正衆寺に過去帳
☆銭屋次郎兵衛＝光明寺に過去帳　＊銭屋は息子に先立たれ廃業。先代は久四郎
☆伊勢屋宗十郎＝光明寺に過去帳　＊享保年間は彦右衛門。吉原大絵図には宗十郎。
☆立花屋〈橘屋〉四郎兵衛＝光明寺に寄進などの記録

新吉原開設と同時期に誕生した十九軒の揚屋。元禄2年には十八軒。そのうち十三軒が知多郡須佐村の人であることが確認できる。光明寺、正衆寺は須佐村の寺。

前頁の十三軒はすべて揚屋。それも新吉原開基の頃のものである。

この他、知多半島の村から新吉原へ進出し成功した人の記録がある。吉原を代表する大見世、玉屋の玉屋弥八は片名村（南知多町）の成願寺。やはり大見世、大黒屋の大黒甚左衛門や安兵衛は坂井村（現常滑市）の東光寺が檀那寺であることが確認できている。したがって知多半島の多くの村から新吉原へ進出していたと考えても何の不思議もない。また、揚屋、傾城屋以外の一般の小売店にも多くこの地方の人が進出していたことは、後で書く岩屋寺の大香炉などでも確認できる。

新吉原開基時の揚屋以外の人で吉原で商売をしていたと確認できた知多半島の出身者を列記しておく。上段が店名・氏名、下段がその根拠。

- 伊勢屋甚助（介）＝正衆寺の過去帳
- 伊勢屋治兵衛＝極楽寺の過去帳　＊延宝年間からの位牌が位牌堂に。
- 玉屋弥八＝成願寺の過去帳　＊弥八事　江戸吉原新町、弥右衛門。
- 加賀屋助十＝正衆寺の過去帳
- 加賀屋重左衛門＝正衆寺の過去帳

・加賀屋徳右衛門＝正衆寺の過去帳　＊光明寺に家田徳右衛門として「大虎の絵馬」。
・亀甲屋八兵衛＝正衆寺の過去帳
・井筒屋彦兵衛＝正衆寺の過去帳
・一文字屋宗十郎＝光明寺の過去帳
・堺屋市兵衛＝光明寺の祠堂金十両　＊田中市兵衛として
・俵屋四郎兵ヱ・光明寺の過去帳＋祠堂金十五両　＊江戸浅草俵屋松田四郎兵ヱ
・東屋佐五兵衛＝光明寺の寄進記録
・万字屋佐兵衛＝光明寺の寄進記録
・永楽屋伊兵衛＝光明寺の妻の過去帳
・天満屋利右衛門＝光明寺の過去帳
・松葉屋半左衛門＝光明寺の過去帳　＊マツバヤ半左ヱ門事
・大黒屋甚左衛門＝東光寺の過去帳＋多くの寄進記録
・大黒屋安兵衛＝東光寺の過去帳＋祠堂金五両＋寄進記録

右の十八人が確認できている。先の揚屋が十三人で計三十一人、少なくともこれだけの数の人（店舗）が、この地方の出身と分かった。この他、後年、明和になってから岩屋寺に贈られた大香炉に刻まれた名が五十六名。それはそのまま店舗数ではないが、合わせれば八十七の氏名が確認できる。

まさに、「吉原過半尾州人と成、当時は町人迄も本国尾張なり」だったのである。

◇吉原検番創設の大黒屋庄六も知多の人か

吉原遊廓の遊びのスタイルが大きく変わり、それに伴い遊廓の経営方式も変わったのが宝暦年間である。揚屋が次々と廃業していったからである。

揚屋がなくなると音曲を楽しんだり芸を観たりする座敷がなくなる。つまり吉原は単に性を売るだけの町になってしまう。そうなる瀬戸際だった。しかし、江戸文化の最先端にいて流行の発信地だった吉原の底力がここで発揮された。遊女ではなく芸を売る「芸者」が誕生、そして「吉原俄《にわか》」（歌舞伎や芝居の真似をしたユーモラスな寸劇）など新文化が誕生した。

そして芸者の役割も明確にした。それは従来、座敷は揚屋が受け持ち、遊女は妓楼・見世の受け持ちと明確に棲み分けしていたように、今度は音曲や座敷芸は芸者だけ。床に入るのは遊女だけ。と厳しく区別して共存を図った。これにより吉原から音曲や芸能の賑わいは消えることはなかった。

宝暦10年（1760）、尾張屋清十郎は揚屋を店じまいした。それを最後に吉原に揚屋は一軒もなくなった。その代わりのように芸者があっという間に増え、安永7年（1778）には百人近くにもなった。この芸者衆を管理し、各店に派遣したりする「検番（見番）」が出来た。その創設者が大黒屋庄六である。

大黒屋庄六は日本歴史人物事典（朝日新聞社）にこうある。

生年：生年不詳　没年：寛政2・7・4（1790.8.14）

江戸中期の町人。名は秀民。庄六は通称で、正六とも書いた。狂名俵小槌。江戸新吉原角町の家持ちで、廓内の男女の芸者を管理したり揚代の勘定などをするため、明和のころ初めて吉原に見番を設立して主人となり、安永8年（1779）以降、その収益の一部をもって吉原へのメインルート日本堤などの補修や下水の修理に当てた。烏亭焉馬《ちょうていえんば》が庄六をモデルとして浄瑠璃「碁太平記白石噺」（1780初演）に大福屋惣六の名で妓楼の主人として登場させたが後には大黒屋惣六として演じられる。

人物事典には出身地や生年は書かれていないが、この庄六は尾張国知多郡坂井村の出身で吉原の角《すみ》町の妓楼「大黒屋」の主人だったとみる（生年については寛保3年・1743と延広真治「烏亭焉馬年譜」『東京大学教養学部人文科学科紀要』1982年3月号にはあった）。

大黒屋とは大黒屋甚左衛門から大黒屋安兵衛と続いた大店で宝永4年（1707）の吉原細見で角町に確認できる。時期的にみても新吉原の初期から吉原に進出していた人である。庄六はこの妓楼・大黒屋の四、五代目だったのだろう。

大黒屋甚左衛門や安兵衛の檀那寺は知多郡坂井村（現常滑市）の東光寺で「江戸吉原・大黒屋」と住所明記の寄進記録がある。他にも「江戸浅草」の大黒屋藤助の記録もあるので坂井村から江戸へ進出した大黒屋は様々な商売（業種）をしていたようだ。

さて、庄六だが同じく東光寺の過去帳に記載があった。「本空桂翁菴主　江戸大黒屋庄六・享和二壬戌三月」である。「江戸大黒屋庄六」。間違いはない。

過去帳に記載の没年は享和2年は一八〇二年。先の人物事典の没年は寛政2年、一七九〇年。十二年の開きがある（同じ戌年なので誤記の疑いも？）。

この没年の違いは引っかかるが、人物事典の庄六と知多郡坂井村の庄六は同一人物であろう。そう言い切れる最大の理由は、人物事典にも書かれている「揚代の勘定、日本堤などの補修や下水の修理」業務を担っている点である。

庄六は検番の主人の仕事と同時に、揚げ代の集金業務も請け負っていたのだ。遊廓の遊びの代金は武家や大旦那衆はツケ払い。それを適時に集金して各妓楼・見世に支払う仕事は極めて重要だ。誰にでもできることではない。それには前に書いた両替商・石黒五兵衛のような存在も必要だろうし資金力も要る。さらに庄六は、吉原に隣接する日本堤の補修や下水道の修理の責も担っていた。

これらの大仕事は庄六が担当する前は誰がしていたか。揚屋の面々、主に松本清十郎の仕事だった。揚屋がなくなった後、庄六は清十郎に代わり吉原遊廓の支配人的な立場になったとみるのである。

吉原は官許の花街である。町の名主も肝煎《きもいり》（世話人）もすべて官選である。お上の指示や許しがなければ管理者的な仕事などできるものではない。庄六には清十郎ら知多衆のバックにいた権力者と同じ人脈があり、その筋から吉原の様々な管理業務を下命されたとみるのだ。

様々な管理業務の一つに、こんなものもあったのではないだろうか。

吉原遊廓には奉行所から役人（目明かし）が派遣されていた。むろん「悪所」の監視のためである。その人数は十六人（＝平松義郎『近世刑事訴訟法の研究』）。これは江戸末期の記録だが中期も同様だろう。吉原の番所といえば小説・ドラマで有名な大門四郎兵衛番所を連想するが、そこに詰めているのはわずか四人。この四人はいわば門番で遊廓の警らは十六人の役人（目明かし）の担当である。

その十六人の給金は安い人で一分、高い人が一両二分との記録（『旧幕府引継書類』＝山本博文氏）。大雑把に均し、一人が三分として十六人で十二両。年で百四十四両。現在に勘案すれば約一千五百万円（一両が十万円、三分が七万五千円と概算）の人件費だ。これを奉行所が出すはずはなく、遊廓街が持つわけだ。

こんな支出を担うのが大黒屋庄六の「見番」とみて、そう見当違いではなかろう。

吉原から郷里へ贈られた品々

◇文化財級の寄進物

江戸吉原の人から寄進された物も書いておく。

吉原在住者からの寄進物は相当に立派な物が多い。それは成功者が故郷へ恩返しするため奮発したこともあるだろうが、それ以上に、吉原という江戸文化の中心地に生きる彼らは、文化を見る高いレベルの眼力を持っていたからだ。即ち、一流作家の一流品をこぞって故郷に贈ったのだろう。この一面からも吉原が江戸文化の中心地、発信地であったことを改めて思うのである。

光明寺では家田屋徳右衛門（加賀屋）から寄進の大きな絵馬がすぐ目に付く。

「今は経年劣化しているが、当時の有り様は、板面をすべて金箔で貼り上げ、その上

に極彩色を施した豪華で眩《まばゆ》いばかりの絵である。当時、これを見た地元の人は、恐ろしいほどの驚きを感じたろう」（絵画専門家談）。

これに劣らぬ絵馬が光明寺には数多く残されている。寄進者が、江戸長四郎、師崎勘太郎、三浦彦重郎。彼らが吉原在住の人かどうかは不明だが、いずれも元禄期前後のもので立派な絵馬だ。

また、豊浜在住の個人蔵、『歌舞伎図』もある。これは吉原の揚屋、俵屋（三右衛門）から贈られた芝居図で、江戸の芝居小屋に掲げられていたものを買い取り、江戸の流行を地元に伝えるため、故郷須佐に贈ったものと推測されている。縦1・7メートル、横1・22メートルの大きな和紙に極彩色で描かれた芝居絵で掛け軸になっている。絵は、渡辺綱《わたなべのつな》に腕を切り取られた茨木童子が、綱の叔母に化け、腕を奪い返して天井から逃げる場面が描かれているもの。ご存じ、歌舞伎、浄瑠璃での名場面だ。作者は、役者絵師として知られる鳥居派四代目鳥居清長。寛政2年（1790）の作。（＝南知

大虎の絵馬「眩いばかりだった」＝光明寺

多指定有形民俗文化財）これも貴重で高価なものだ。
師崎の神護寺に「花魁押し絵額」がある。弘化2年（1845）に神谷氏奉納という記録。詳細は未調査だが、神護寺は羽豆神社の内院だったことと羽豆神社は吉原の遊女から提灯が毎年奉納されていた史実を重ね合わせると、この「花魁」は師崎と縁のあるものだろう。

須佐村の枝郷、初神《はじかみ》に古くからの村社・初神神社がある。その近くに智宅坊《ちたくぼう》という建物があった。近年、改築されて昔の面影はないが往時の写真は残っていて古い堂坊だったことが分かる。そこに江戸吉原在住者から寄進されたという「十二神将像」があった。裏面も底もキョロキョロと見回したが寄贈者などの名はなかった。だが、今でも金色の輝きを失わない実に立派な十二神将像である。像は智宅坊の本尊、薬師如来仏を守る形で立っていた。仏像を見る技量は筆者には全くないが、薬師如来仏も十二神将像も気高い風格と長い時代を感じさせた。

十二神将像＝智宅坊・初神

坂井村（現常滑市）の東光寺にも記録が残っていた。宝暦7年（1757）に江戸吉原の大黒屋甚左衛門から鉄燈籠《とうろう》一対が贈られ本尊前に置かれていた。大きくて立派な鉄燈籠だったが戦時中の金属回収令により供出させられたという。東光寺への寄進記録を見ると吉原の大黒屋安兵衛から曲禄が一対。また、打敷や敷石なども寄進されていた。

知多半島の巨刹、岩屋寺にも大層な寄進物があった。一つは、大燈籠だが、これは大戦中の金属供出令に遭《あ》い今はない。まことに残念なことだ。

しかし、幸いにも立派な物が残っていた。高さ一・二㍍《メートル》もある青銅製の大香炉。明和2年（1765）に吉原在住者から寄進されたものである。この年は清十郎ら知多衆が揚屋から撤退した五年後。何か関係があるのかもしれない。

青銅の大香炉。ちょっとした仕掛けもある優れ物だ　＝岩屋寺

香炉の最上部に狛犬。その口に賽銭を入れると下まで落ちる仕掛けという。やって

みることにした。十円玉でいいのだが、ご住職が見ているので百円玉を奮発。入れるとカラン、カランと金属音を響かせて最下部の円筒にまで落ちた。香炉の中を賽銭が廻っている感触が面白いのでもう一回。カラン、カランと二百円が消えた。しかし面白い。ただの香炉ではなくカラクリのような仕掛け。これが江戸の粋かもしれない。

香炉の最下部の円筒部の表面に標題、作者名などが大きく彫られている。

奉納　尾州知多郡岩屋観世音御宝前
　願主　武州江戸浅草田町　西誉善了
　　江戸御鋳物師　西村和泉守作
　時、明和二乙　酉年七月吉祥月

その裏面にずらりと寄進者の名が彫られている。

世話人として、松屋与兵衛、同まつ、中田屋半二郎、扇屋仁兵衛、松葉屋加兵衛、鈴木藤兵衛、岩

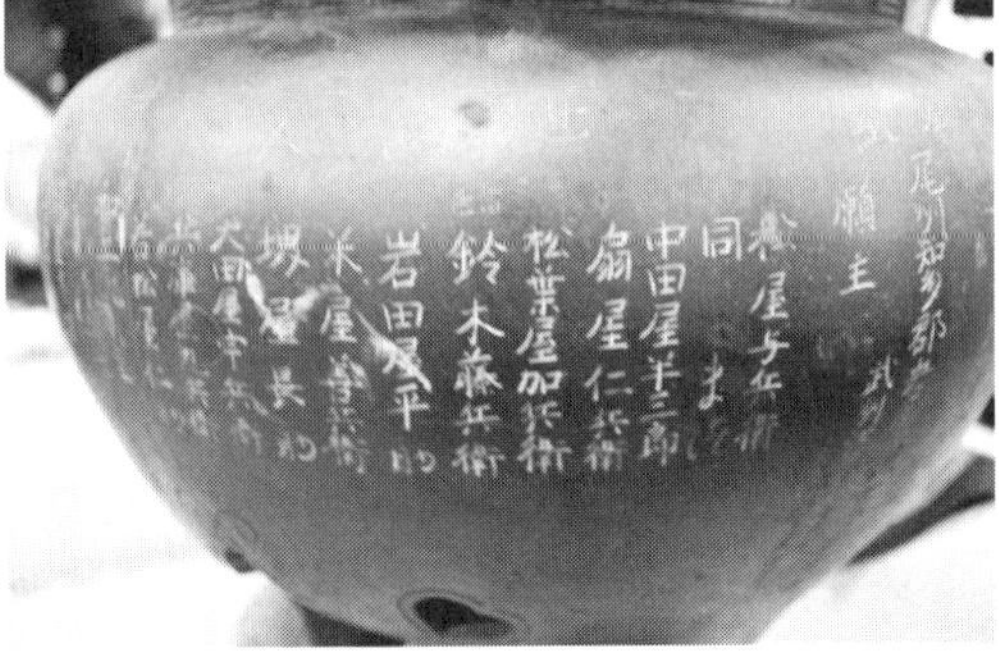

大香炉の最下部（右頁の全体写真でご参照）。
５６名の名が彫られている　　　＝岩屋寺

田屋平助、米屋善兵衛、堺屋長助、太田屋宇兵衛、兵庫屋九兵衛、若松屋仁助の十二人。それに続き、桐麦屋権兵衛ら四十四人の名が並ぶ。合計五十六人の刻名である。

どんな人たちかの確定は難しいが、世話人の松屋、中田屋、扇屋、堺屋などは妓楼・茶屋。松葉屋は揚屋。それぞれ誰もが当主・主人ではないから、金も名前も出せる番頭クラスの人たちだと考えれば大きな外れはないだろう。むろん、ほぼ全員が南知多出身者か岩屋寺に縁のある人だろう。同時代の『吉原細見』をみると半数以上の人の店名などは確認できる。

一人だけ「鈴木藤兵衛」の刻名の上部に「当邑」と彫られていた。当邑《むら》（当村）とは岩屋村のこと。だから他の五十五人は他の村の人なのだろう。他村の人だとしても縁も所縁もない寺院に大枚な寄進はしまい。

名の中に、中万字屋隠居と分かり易いものがあった。妓楼・中万字屋もこの地方の人だったのだ。

米屋善兵衛、塩屋久次郎、下駄屋平八があった。茶屋や妓楼ばかりでなく吉原遊廓内の一般商店も南知多の人が営んでいたことがこれで分かる。また、松屋内藤八、金屋内重里は遊女だろう。遊女も寄進に参加していることに注目できる。彼女たちにもこれに参加できる自由とお金はあったのだ。

願主の西誉善了は岩屋寺中之坊の智善上人の弟子である（澤田次夫氏）。なぜ西誉善了だったのか、また寄進者の連名の最後にある「諸惣講中」は、「以上」の意味なのか、それ以外に何か意味を持つのかわからない。まさか「頼母子講《たのもしこう》」？

香炉の作者の西村和泉守（藤原政時）は江戸幕府の鋳物製作の御用を務めた名工で江戸を代表する鋳物師だ。この大香炉も、狛犬が鞠で遊ぶ様の冠の部分、香を焚く部分、賽銭を受ける部分など、四つか五つに分解でき、一見、からくりを連想する凝った構造だ。それに装飾の彫刻も美しい。

梵鐘や鐘、鉦など単純な造りのものが多い和泉守の作品のなかでは珍しい物ではないだろうか。相当に高価な物と思われる。四代和泉守の作である。

十一代続く和泉守だが名作が多いといわれるのが四代目。東京都台東区の有形文化財、元浅草、妙経寺の銅鐘も四代和泉守。宝暦13年（1763）の作品だから、岩屋寺の大香炉が造られた四年ほど前だ。見事な妙経寺の銅鐘を見た一流好みの吉原の南知多衆が、どうしても四代和泉守に作ってほしい、と頼み込んだ物と思っている。

清十郎が揚屋を閉めた宝暦以降も吉原での知多衆の繁盛は続いていたのである。

揚屋の終わり、清十郎の撤退

◇吉原遊廓が変わっていった

宝暦年間になると吉原は一変した。大きく変わったことは二つ。一つは揚屋がなくなったこと。もう一つは吉原に花魁がいなくなったことである。

揚屋のない吉原の町、花魁のいない遊廓街。揚屋もなく花魁もいないのだから花魁道中もない。そんな吉原になった。そして、高尾、うす雲、小紫など吉原を代表する花魁（太夫）がいたことで有名な三浦屋四郎左衛門も廃業してしまった。宝暦6年（1765）のことである。

揚屋が廃業し、花魁がいなくなったのは時代がそんな贅沢を必要としなくなったからに他ならない。さらに言えば、文治政治の結果、世の中が平和になり、戦闘要員た

る武士が無用の長物になったからだ。武士の地位が落ちたとも言える。当然、武家の収入も減り豪遊など出来なくなった。そして平和は戦闘地域をなくし、武家への復帰を願う浪人たちは町人になり農民になり、武士と町人の境界線も曖昧になってきたのである。さらには江戸開府当時、幕府が神経をピリピリさせていた叛乱勢力の発生の心配も薄れ、如何にも妙な、如何にも不経済な、武家と民間人との極端な棲み分けも不用となっていったのである。

吉原においても、武家のための特別な家である揚屋の存在意義は薄れていった。また疲弊した経済事情の中では、揚屋という虚構ともいえる空間を買う人はいなくなったのは当然でもある。

明暦3年（1657）に幕府の密命をおびて新吉原に進出した松本清十郎ら尾張国知多衆の揚屋たちの役目はここに終えたのであった。

◇清十郎の廃業

わが世の春を謳歌していたかにみえた揚屋だが、「特別の町の揚屋」は、新吉原開基より百年と経たずになくなった。

『新吉原細見記』である。

　揚屋尾張屋清六とあるは、尾張屋清十郎なるべし。此頃清六といひしにや。此家、万治元年細見記、十九軒の中に見えて、宝暦六年細見記に至りて、此家一軒あり。

清十郎で始まった「特別の町の揚屋」は、宝暦六年には「此家一軒」となってしまい、ついには宝暦10年（1760）を最後に一軒もなくなった。

それ以前、元文の頃より揚屋は、廃業したり、傾城屋に転業したりして様変わりをしている。実質的に揚屋が揚屋であったのは、新吉原開基からせいぜい六、七十年、享保年間（1716～1736）の頃までだろうか。

時代の流れとはいえ、揚屋の廃絶は吉原にとって寂しいものであった。まして尾張屋清十郎の廃業を惜しむ声は少なくない。『新吉原細見記考』（鼠璞十種《そはくじっしゅ》）も尾張屋を「百十年相つゞけり、揚屋中の名家なりけり」と称して惜別の文章を載せていた。

新吉原遊廓の開基に関わり、郭町の建設にも寄与し、揚屋の体裁・制度を作り、遊廓の作法をつくり、新吉原に君臨したともいえる松本清十郎は、責任上か意地か、最後の揚屋となり、宝暦10年に廃業した。店じまいをしたのは、初代から数えて四代目松本清十郎であった。

宝暦10年7月の吉原細見には尾張屋清十郎の店や道祖神「かよふ神くわんじやう」も記載されていたが、翌年春の吉原細見にその場所は「あきあげや所」（空き屋）となっていたのである。

清十郎たちが創った揚屋は、吉原の一つの時代を創り、そして、その役目を終えたのであった。

今は、町の名にその余波を残すのみである。

（おわり）

補考・知多半島の陰陽師とその仕事

◇秀吉に追放された陰陽師

この世には鬼がいる。妖怪もいる。鬼や妖怪は人間を食らう。誰もが、そう信じていた時代、民衆は陰陽師《おんみょうじ》を畏れ、そして敬っていた。公卿、大名、豪族たちも同様であった。但し陰陽師は明日の吉凶や陰陽を占う易学のみならず、風水の知識も和算や天文学にも長け、暦を作る能力も持っていた。一般的には表面に出ていないこの科学者としての能力が真の陰陽師の姿なのである。民衆は陰陽師に種まきの日を訊《き》き、船出の時間を訊き、陰陽師の宣託《せんたく》は日々の生活そのものの指針とさえなっていた。優れた陰陽師は優れた霊能力者であると同時に博識な知識人でもあった。

平安時代、陰陽師は公家と同列にいた。占術に長けるばかりでなく、いわば当時の国立天文台長をも務める先端科学者だったから当然でもある。藤原定家の『明月記』には、安倍晴明《あべのせいめい》門下の陰陽師が観測した超新星の記録が三件も記載されているほどだ。

夢枕獏氏が小説で、安倍晴明をおどろおどろしい怪奇な神のように書き過ぎたので誤解もあるようだが、陰陽師は知識人で科学者だったと抑えておきたい。その裏付けではないが、彼ら陰陽師は往時、「博士」と呼ばれていた。現在広く用いられる「博士」の語源はここにある。

戦国時代になると大名はさらに陰陽師を重用した。戦法、戦術のよりどころには勿論、人心把握の手段としても陰陽師の存在は極めて有効であった。簡単なことだ。為政者は陰陽師を予言者に仕立て為政者に有利な宣託をさせる。陰陽師の配下で読経、曲舞、卜占など、呪術的芸能を担当する声聞師には、為政者の意に副った祓いの舞いを舞わせ、唄わせ、為政者の威厳付けをさせるのである。

陰陽師らは為政者の意向に副う行為をする代償として、保護を受け、利権を得る。そして自身の流派の勢力や営業圏の拡大を図るわけだ。

信長は陰陽師を重用し、秀吉もそれにならっていた。

そんな蜜月関係が崩れたのは文禄二年（1593）。秀吉が己の独裁に不都合と思ったのだろうか、突然、陰陽師の追放を始めた。「唱門師払い」の政策である。これにより京、畿内一円（奈良・大阪・堺など）、さらに紀州からも陰陽師や声聞師を追放したのであった。「唱門師《しょうもんし》」には陰陽師やその家族も含まれる。加えて、千秋万歳師《せんずまんざいし》や舞々《まいまい》（幸若舞）といわれるような芸人たちも追放された。

秀吉のこの政策の狙いは種々あって各視点からの研究が報告されているが、凡そは、京や大坂の大きな町に急激に増えた下層階級の人々を各地に分散、追放し、追放の地で荒地を開発させ、その地の農民になるように誘導する政策とされている。

ところが下層階級で土木知識のない人たちだけでは新田の開発など出来ない。まして組織の統轄などできない。そこで統率力があり、土木技術の知識もある陰陽師に目が付けられたのだった。陰陽師は、今でいう地鎮祭の役目を成すので、土地の開発、整備などに大いに関わっていた。土の神、水の神を鎮める神事を行う。それは数多くの土木工事現場に立ち会うということだ。その経験から得た知識と仲間との情報交換で高い土木技術を手にしたのであろう。

この陰陽師の能力について、服部英雄氏は、こう書いている。

陰陽師の力による荒地の開発は、地鎮であり普請である。それにともなう技術もふくまれている。地鎮は川除堤防工事での成功失敗に密接に関連するものだった。彼らのもつ高い地鎮能力・築堤技術への期待は、半面、失敗したときの代償を要求する。究極の地鎮。最後のそれは人柱だったと推測する。人柱は人心を結束する。難工事が急転して成功にいたることが多かった。

陰陽師は築堤技術などと同時に、祈祷やあるいは人柱さえ使い、人心を掌握した。そんな能力があった。そして、この能力が秀吉に利用された。結果、「全国の陰陽師は根こそぎ動員された。丹後と京の一部は豊後へ、京・奈良・大阪・堺や紀州からは尾張へと動員された」のである。

◈知多半島の陰陽師

尾張国に特化して史料をみる。『駒井日記』（史籍集覧・国会図書館）である。著者の駒井重勝は豊臣時代の大名で、豊臣秀次の文官だった。

『駒井日記』をみれば、文禄2年（1593）の秋ごろから秀吉は、再々、尾張を巡検している。そして「荒地」の様子を目の当たりにして開発を指示している。尾張は「上様御生国」で、「格別の思召候事」でもあるようだ。

文禄2年12月2日の記載には、尾州八郡に開墾者を出すことを記す一連の最後に、

一、陰陽師共在々江可被々遣事

とある。

そして秀吉は、同12月14日、尾張国に対する九ケ条の条書を出している。陰陽師に関する条文だけ書き出す。

一、算置共ハ荒地之在所江こさせ、荒地をおこし其物成其年一年分を一圓に被

下、翌年より八如御置目、年貢可致執沙汰事

算置とは算木を使って占いをする陰陽師のこと。先の「唱門師」(声門師)も同義である。文意は、陰陽師は割り当てられた荒地を開墾し農地にせよ。その年の年貢一年分は免除する。その開墾地は与えられる。

そんな条件で荒地に移動させられたのだ。荒地の開墾や農地化には、治水や浚渫、埋め立て、溜め池の築造技術が必須である。更には、土の神や水の神の鎮めが欠かせない。何度も書くが、陰陽師はその全てを持つ土木技術指導者であった。

陰陽師たちが送られた尾張の荒地とは、『駒井日記』から拾うと、

「右陰陽共を割」とあり、

一、清洲から萩原迄道通

一、清洲から津島迄道通

一、清洲から宮迄道通

一、宮から津島迄道通

とある。道路の開設工事のようにも見えるが、その道沿いの荒地の開墾が主な仕事だったのだろう。地理的なものを補足すると、この四つは清洲城址のある今の清須市を中心に、一宮市、津島市、名古屋市に向け放射線状に通る道。これに沿って田園地帯を造り清洲城を強大なものにしようという膨大な計画である。この一帯は木曾三川の下流部で氾濫原《はんらんげん》も多くある大湿地帯のよう

な土地。難所である。

そこに動員された陰陽師の数は、百二十七人の記録。その数で大工事は出来ない。

では、実際に土木作業の最前線に従事していたのは誰だろう。

服部英雄著『河原ノ者・非人・秀吉』（山川出版社）に次の記述があった。フロイスの『日本史』が出典とある。


愛宕では陰陽師（黒魔術師 feiticerios）を数え上げると同時に、乞食（pedindo esmola 施しものをねだる人）を八百人（oitocentas pessoas）集めたとあった。愛宕の乞食生活者八百人の行方は豊後とされていた。尾張に向かった数も同等であろう。労働力としてはかなりの人数になった。


直接の労働力は乞食といわれる下層階級の人々だったのである。愛宕とは今の京都市左京区の山間部、清滝や愛宕神社のある辺り。そこに八百人もの乞食（賤民）が暮らしていたのには驚く。この時代、大きな賤民部落が存在したのだ。

原典を確認すべくフロイス『日本史』をあたった。「豊臣秀吉篇Ⅱ」にほぼ同様の記述を確認した。服部氏は原本か別の翻刻本を採用されているようで、筆者の手許の本（中央公論社）には、（黒魔術師 feiticerios）、（八百人 oitocentas pessoas」）のような記載はなかったが、愛宕から相当数の人が送り込まれたことは充分に理解できた。

さて、陰陽師の関わった清洲周辺の道路工事、治水工事、開墾工事は成功しなかったようだ。常に洪水の危険にさらされる清洲城は尾張防衛の要所には不適当と判断される。そして、徳川義直の時代になり尾張徳川家は清洲を放棄した。「清洲越え」である。清洲城の武士一統、城下の商人、町民もこぞって名古屋に移住した。

では動員された陰陽師はどうなったのだろう。彼らも清洲から尾張に移住したのだが農民化せず陰陽師として生きることができた。それは尾張には陰陽師として生きる道が多くあったからだ。清洲から名古屋に越すためには膨大な規模の荒地開発が必要だった。名古屋城と城下町建設のための運河である堀川の整備が急務。さらに、木曽三川の治水。伊勢湾の干拓、新田開発。木曽山林の開発や林道敷設。陰陽師には普請監督や地鎮の仕事は沢山あった。

大型河川と海は尾張国の特長である。それらに堤を築くことは尾張国発展の必須事案だ。尾張八郡すべてに「築堤之奉行」が置かれた。そして、治水・新田開発のための長堤の敷設技術は一気に向上したのであった。言うまでもなく、そこに陰陽師の土木知識、乞食といわれる人たちの労働力があった。

大きな河川のない知多郡にも築堤之奉行はいた。知多郡は竹木の供出と人材の派遣を担った。その人材は土木工事の労働力である。

知多半島は粘土質の地盤で土地には保水力がない。したがって雨水を溜めて農業用水を確保する溜め池を造る技術が古くからあった。その技術を持つ人材が派遣されて来るのだが、その時点ではまだ素人の段階。その人たちを束ね、技術指導をしたのが陰陽師であった。大きくスキルアップした知多の土木作業者は立派な土木技術者になった。

雨水を溜める池を造る。川を堰き止めて巨大な貯水池を造る。川の流れを変えて水源を分散する。海岸線を干拓、新田や塩田を造成する。黒鍬者《くろくわ》、黒鍬衆といわれる人たちの誕生である。やがて黒鍬衆は尾張ばかりでなく全国各地へ出張しての工事を請け負うようになるのである。

こうして陰陽師たちは尾張・知多に根付いて生活の基盤を築き成功。また、かなりの数の陰陽師は村の有力者、指導者となり、この地方に新しい文化を芽吹かせてもいるのである。

◈陰陽師の復権と江戸建設

慶長三年（1598）秀吉が死んだ。秀吉への反動と思えるほど家康は陰陽師を手厚く保護をした。土御門《つちみかど》家も復興、家康から陰陽師宗家への道を指差された。ここで陰陽師は完全に復権した。

慶長八年（1603）に江戸幕府が開かれると、土御門家は幕府から正式に陰陽道宗家を認可される。さらに土御門久脩《ひさなが》には山城国に百八十石余を知行され、公家昵懇衆《こうけじっこんしゅう》となり正式に家康に仕えることになった。公家昵懇衆とは宮中と関わりを持つ幕府の家臣というものであろうか。禄高は低くとも地位は高い。安倍清明《あべのせいめい》の系譜をひく土御門家は、以前にも増す強い権限、言い換えれば権力を得たのであった。

土御門久脩に与えられた役目は、江戸幕府開府のための江戸一円の開発に伴う陰陽道の仕事。すなわち、陰陽《いんよう》五行に基づき、建設される多くの施設の地相などの判定をする大役である。新幕府の誕生。江戸の町は急ピッチの開発ラッシュ。山を崩して海を埋める。物資運送のための川を造る。道を造る。水道も確保しなければならない。但し、闇雲に手当たり次第造ればいいわけではない。

ここで陰陽師の出番である。

江戸の都市計画は、唐の長安がモデルでその原理は「陰陽学」が基礎という。一見、雑駁な学問のようだが、天文学と地文学を合わせた一種の科学でもある。陰陽師はこれらを学び、それを基にケース・バイ・ケースの適切な指示を出していたと考えてもよさそうだ。なお、家康の江戸設計の側近に南光坊天海がいたことは定説だが、彼の考えも古代中国の陰陽五行説にある「四神相応」をもとにしたもので、天海自身が陰陽師だったとしても大きな相違はないだろう。見方を変えれば、天海は同じく家康の側近にいる土御門の助言を得ていたとも考えられる。

ひとつ象徴的な事例を挙げておきたい。

家康が江戸に入ったのは天正十八年(1590)。三河岡崎より入府。そしてこの地を江戸と改めた。そして、すぐに行ったことは、浅草寺を徳川家の祈願所に定めたことである。

家康にとっては縁も所縁もない浅草、浅草寺である。見たこともない寺。それも江戸の外れというか、江戸の外とさえ思える場所にあるこの寺を、いきなり徳川家にとって大切な祈願所に指定したのだ。不思議なことだ。

筆者は一瞬、知多半島の名刹で吉原遊廓で働く人とも縁のある岩屋寺との関係を疑った。両寺とも秀吉には冷遇され家康になり厚遇されたその歴史的経過も似ているし、浅草寺の観音菩薩の由来と岩屋寺の千手観音菩薩の由来も、「(当寺の観音様は)海で漁師の網にかかったもので…」というものもまさに酷似していたからだ。

しかし、筆者の考えはあっけなく瓦解。浅草寺への厚遇を進言したのは陰陽師、土御門久脩でなければ筋が通らないことがわかった。

陰陽道による江戸城、すなわち家康の鬼門は、艮《うしとら》(丑と寅の間)の方角であった。北東の方角である。ここは鬼が出入りする不吉な門とされている。ここに浅草寺があった。

「ここを鎮護しなければなりません。さもなくば、ここに鬼どもが溜まりましょう」。

そう土御門が言ったのだろう。

いまだ戦乱の空気が治まってはいない時代。陰陽師による陰陽五行は武家の心には強く根付いている。家康は進言を受けて浅草寺を祈願所と定める。そして、堂塔を寄進するなど破格の扱いをした。また、土御門は浅草寺の境内に守護符等で結界を張るなどの諸事を執り行ったのだろう。

さらに土御門久脩は裏鬼門の厄払いを進言した。艮の真逆の、坤《ひつじさる》の方角。西南の方角である。陰陽道では「入門」と呼ぶ、その方角に芝がある。家康は芝に増上寺を建立し、増上寺を徳川家の菩提寺にした。ここに代々の徳川将軍の墓所があることは書くまでもない。

増上寺は元々他の場所にあった古く小さな寺だった。それを慶長三年(1598)、江戸城の裏鬼門を鎮護するため芝に移転、新築された。以後、徳川家の手厚い保護もあり増上寺は大寺院となる。江戸城からみて北東の鬼門に浅草寺、西南の入門に増上寺がある。その建立などは江戸幕府の開府前だ。第一次の事業として行われた。これが、突飛に思えるのは現代人の感覚であって陰陽道を基に考えれば、極めて筋の通っていることなのである。

江戸建設の最中だ。幕府の普請奉行が飛んで来る。

「神田山を崩して日比谷の入江を埋める。山のどこから削れば無難か」

陰陽師は占う。と言っても、出たとこ勝負のトランプ占いではない。陰陽学に暦の知識、それに従来の経験を交えて地相の吉凶を判定するのである。

天文学的予見から気象を予報することもできよう。過去の経験から地形・地層を診ることも出来たかもしれない。意外に高度な科学的な推考をしていたとも考えられる。

陰陽師は恭しくこう言う。

「山は東南の谷間から削るのがよろしゅうございましょう。工事の開始は間もなく降り始める雨が上がった翌日がよろしゅうございましょう」。

こんな調子のやりとりだったろうか。

このように「天下普請」の司令部の一角に座るのが陰陽師であった。

そんなこんなで陰陽五行は大忙し。久脩は休む間もない毎日。そしてこの活躍と力量が認められ、土御門久脩の立場は、やがて揺るぎないものとなるのである。

久脩は寛永二年（1625）に従三位に叙せられた。これまでの陰陽師と比べ、凡そ三段階も上位、破格の勲位である。これは信長、秀吉、家康と歴代の天下人に陰陽師として仕え、数々の実績も残した実力者であったので当然の褒章だったろう。

実績といえば元和七年（1621）に完成した日本堤の築堤に土御門は関わっていたはずだ。

日本堤は荒川の治水を目的で造られた。ここが江戸の町のはずれである。ここの地相をみて地鎮をしたのは陰陽師宗家、土御門久脩でなければならない。だが、天下の陰陽師でさえ、この年より三十五年の後、新吉原遊廓がこの地に出来ることは占い得てはいまい。

◇尾張・知多郡の陰陽師

さて、舞台は尾張国に戻る。

京から追放されて清洲に来た陰陽師は百二十七人。その全員の消息などは知りようもないが、大部分は尾張地方に残ったようだ。後々の記録をみると知多半島の根元の一帯、特に横須賀村（現東海市）や大高村（現名古屋市緑区）、今の名古屋市港区の沿岸部や安城市辺りが陰陽師の拠点となっていたことが分かる。

知多半島の陰陽師は土御門家が支配して上組《かみ》と下《しも》組に分かれていた。上組は横須賀村、養父村、寺本村の三ケ村。下組は須佐村を中心の周辺、八ケ村で主に構成されている。

江戸初期、土御門家は半島を二つに分けて陰陽師を管理していたようだ。

上組を束ねるのは大高村の平野家と横須賀村の吉田家、下組を束ねるのは須佐村の柳家。新吉原に進出した面々の住む須佐の村人に「代官」と呼ばれ「オンニョ」とも呼ばれていた人がこの柳氏である。

なお、知多の陰陽師の組織は十七世紀中後期には大高村を中心に細分化され、さらに強化されたようだ。

知多郡の陰陽師の分布は下に掲出の土御門家「諸国触頭控」（宮内庁書陵部蔵）で確認できる。

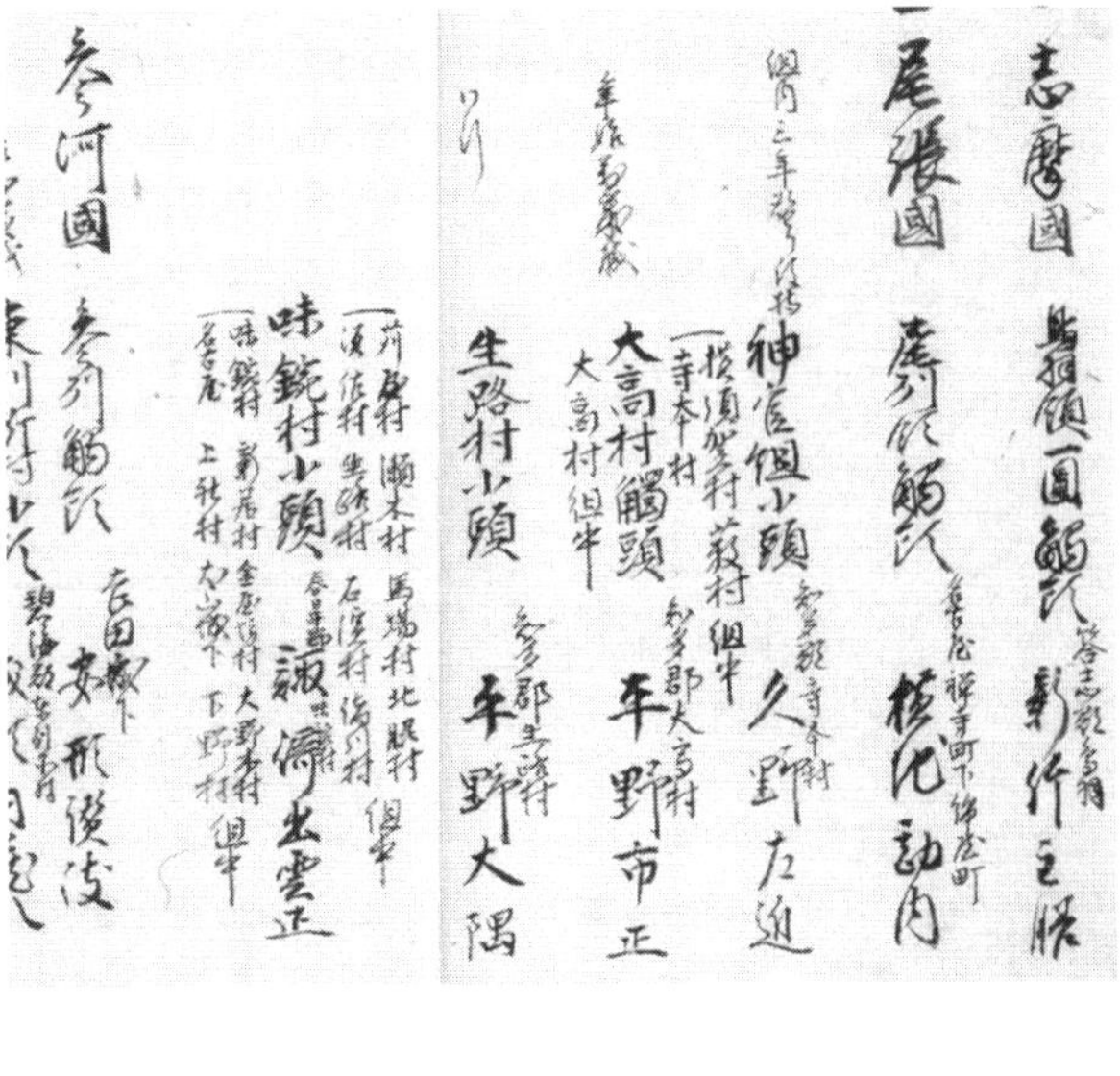

諸国触頭控
ここに記された知多半島の村
○横須賀、萩、寺本　○大高
○生路、刈谷、瀬木、馬場、須佐、石浜、緒川

これは元治元年（1864）のものだが、この半世紀前の寛政10年（1798）に生路村（現知多郡東浦町）では、人口688人の内50人が陰陽師だった（＝津田豊彦氏）というから彼らは着実に土地に定着していったことがわかる。現在も横須賀村や大高村には吉田家、平野家。生路村では久野家として陰陽師の末裔が残っていてこの地方の有力者として活躍している。

また、この地に定着した陰陽師は地元に有形無形、様々な文化を遺している。分かりやすいのは東海市高横須賀町諏訪神社に万葉の歌碑を建立した陰陽師・吉田定興の例である。

諏訪神社の境内に「年魚市潟　塩干家良思　知多乃浦」の万葉の歌碑が建っている。歌碑は二基、近年建てられた立派な大きな碑。その傍らに小さな石碑。その小さなものが元々の歌碑。文化15年（1818）に吉田定興建立のものだ。碑の裏面に「文化十五歳春吉田定興建之并書」とある。『東海市史』は、この万葉の歌碑を紹介し、「この吉田定興とは、この近くに住んでいた陰陽師で、文化15年は彼の還暦の年である」と記している。頷きながら境内をよくみると諏訪神社と吉田家の境を示す石柱があった。東海市史の書く「この近くに住む」は間違いではないが、この諏訪神社そのもの、あるいは境内が吉田家だったのかもしれない。だいいち神社の境内に勝手に歌碑を建立できまい。これは吉田が神社や村の有力者だったことを示す証拠でもあろう。

そんなことよりもこの歌碑が「全国でも三番目に古い万葉の歌碑」（＝東海市誌）であることに注目したい。文化文政年間は武家文化が廃れ、町人文化が華やかな時代である。和歌・短歌の分野でいえば狂歌が全盛期を迎えた頃。また新古今和歌集調の言葉の美しい、分かりやすい和歌が好まれ、難いイメージの万葉集は学者の領域にあった時代だ。その学問的な面を持つ万葉集から地元の地名「知多乃浦《ちたのうら》」を拾い出し、「年魚市潟《あゆちがた》」を石碑に刻んだ陰陽師・吉田の博識を認めざるをえない。このような学力が知多半島の文化形成の一助になったのだろう。

関連するが知多郡は和算のレベルが高いという。寺社に遺る算額などでそれが分かるという。さらに知多郡の寺子屋の数が全国平均を大きく上回っている。これはなぜだろう、この地のどこにそんな要因があるのだろうと思っていた。だが、ここで解決。これらの原点が知多の陰陽師にあったのだ。そう定義すればすべての疑問が解け

㊧現在の歌碑の全体　㊦が吉田定興が建立のものと境界を示す石柱

年魚市方 塩干家良思 知多乃浦尓 朝榜舟毛 奥尓依所見

年魚市潟　潮干にけらし　知多の浦に
朝漕ぐ舟も　沖に寄る見ゆ　（巻七・1168）

る。

また、興味深い記録を『尾張徇行記』に見つけた。この本は尾張藩が寛永年間（1624）に藩内の村勢を調査した「寛文村々覚書」を底本にして樋口好古《ひぐちこうこ》が文政5年（1822）に纏めたものだが、その文中「西大高村」の覧に次の記述があった。「当村枝郷中ノ郷より万歳でる。元陰陽師筋目の者集えるところにて、本郷より婚姻養子の取組を嫌う」。

これは陰陽師の筋目（正統的な家柄）の人は一般の村人と養子を含み縁組みすることを嫌ったということ。つまり陰陽師は正統的な血縁を大切にしていたということだ。彼らのこの因襲がいつまで続いていたのかは分からないが、少なくとも江戸期の間はそれが保たれ、独自の文化、そしてコミュニティーを構築していたのであろう。

そしてこの地方に定着した陰陽師は各所に村落を造った。その一つが知多市八幡（寺本村）である。同地に陰陽師だけの神道墓所があった。

下の写真は陰陽師七家の墓所である。五、六百坪もあろうか大きな墓所である。ここには伊達、高橋、永井、森

陰陽師の神道墓所　＝寺本・荒古
供えられている花も新しい。お参りが絶えないようだ

岡、吉田、久野、松田の七家の代々の墓標が立っている。すべて神道墓、中には墓碑に辞世の歌を刻んであるものもあった。

この寺本村とその周辺の藪村、横須賀村は陰陽師の里である。藪村（養父《やぶ》）の郷土史家・杉江清治氏は現存される陰陽師の末裔諸氏にも多く会い『養父周辺に跋扈した陰陽師の足跡』という信頼できる論文を示してくれている。その中で、寛文6年（1666）、多くの陰陽師がこの地方に幕府の要請で移住して来たという一文に注目した。

その杉江論文に少々補強を加えて纏めると、次のようになる。

尾張藩二代藩主・徳川光友が知多郡馬駄《まはぜ》村（後の横須賀村）に屋敷を造営した。海を臨む広大な土地に池を囲む大回遊庭園、栗林、畑、それら全体を木柵で囲み、屋敷というより城砦である。名目は光友の汐湯治の為の別荘であったが暗に明国援助という軍事的意向の為と幕府はみた。何かと将軍家と軋轢のあった尾張家に対し不審も強く、御殿を監視することにしたのである。

幕府は三河の院内村（現安城市桜井町）から多数の陰陽師を御殿周辺に移住させた。その数は藪村に三十七戸、馬馳《まはぜ》村に四十三戸、寺本村の荒井・荒古に六〜七戸（十九戸説も）である。彼らに御殿監視の隠密活動をさせたのである。

この三河・院内村を杉江氏は「忍者の里を〝伊賀・甲賀〟と称するが如く〝陰陽師・陰陽万才

師の里〟と呼ぶべき村で、この村の陰陽師には『陰陽万才師、東十七国関所海川等無滞在可為相通』という海道御免の『職札』が与えられていたという」。「故に隠密活動の為に存在した村なのであろう」という。

この隠密活動の史実も面白いが、本書の主旨の一つ「新吉原と陰陽師」に引きつけてみれば、院内村から百戸もの陰陽師家を幕府は移住させている点が見逃せない。陰陽師の組織は完全に江戸幕府の配下にあったものと認められるからだ。寛文6年は新吉原建設のわずか九年後。幕府高官も陰陽師組織も明暦3年と変わらないはず。蛇足のようだが、新吉原建設に向けて陰陽師の一団が江戸に入ったことの、ある種の裏付けとしたい。

◇尾張万歳と黒鍬衆

さらに陰陽師が知多に遺した重要な文化遺産がある。尾張万歳と土木技術集団黒鍬衆である。

まずは尾張万歳。

愛知県東海市の無形民俗文化財に「御殿《ごてん》万歳」がある。

『東海市史』に、

御殿万歳は、今から七百年ほど前に木ケ崎長母寺（今の名古屋市東区）から伝わったもの（尾張万歳）と、三百七十年ほど前に三河の院内村（今の安城市）から移住してきた多くの陰陽師と共に伝わったもの（三河万歳）の二種類の流れを組んでいる。

と書かれている。

『東海市史』は平成2年（1990）発行。そこから三百七十年前なら一六一〇年代、元和初期の頃だろう。京を追われ清洲へ来た陰陽師が刈谷方面にも派遣されたことは『駒井日記』で分かっている。この多くの陰陽師は秀吉に追放された一団とみていい。刈谷、三河安城なら矢作川か境川の普請。あるいは東海道の整備だろうか。それを済ませた彼ら一団が、陰陽師の基点、横須賀村の仲間の許にやって来た。いや、帰って来た。三河万歳師たちを連れてである。

さらに土御門家の支配下にあることで尾張万歳は多くの特典も得られた。

最大の特典は、陰陽師と並び「太夫」の免許を得られたことだ。免許状は尾張万歳が関東十七ケ国を巡回する権利を保証。その道中は通行手形なしで関所を通過できた。さらには、万歳をするため江戸城内や各大名家の屋敷に入ることもできた。江戸の大名家などに行った太夫は、すほう（素襖）を着て日の丸の扇をかざし、大黒頭巾をかぶり鼓を持った道化者の才蔵をしたがえて、新年の繁栄を祝ったのである。この免許状の特典は江戸ばかりでなく京も同様。宮中や公家の年頭祝いに尾張万歳（呼称はそれぞれ異なる）が呼ばれるのは吉例となり、さらには地方の大名家や豪商家にもこの影響が波及していくのである。

前頁に掲出の書状がそれ。三河・森下村から三十一組の万歳師が江戸へ出て、「江戸城本丸や諸武家へ出向く」証明書である。東海道中の関所などもこの「覚」を見せればフリーパスだったことだろう。

このような尾張万歳一行の各地方への移動や営業は土御門家陰陽師のネットワークを利用しているわけだ。但し、土御門家には毎年、相応の貢納料を納めていることも分かっている。

この特権は土木集団の黒鍬衆にも及んでいた。

知多郡横須賀村近辺が黒鍬衆が最も多くいた所でもある。前述の陰陽師の里その村である。

全国各地の土木工事に出張する技術集団・黒鍬衆は関所御免の書面を持っていたり、船賃が免除されるなど特典もあったという。そんな旅の特典は、陰陽師傘下の万歳師などと酷似している。

尾張万歳と吉原。それは吉原遊廓の正月の風物詩となっていた。

その模様である。

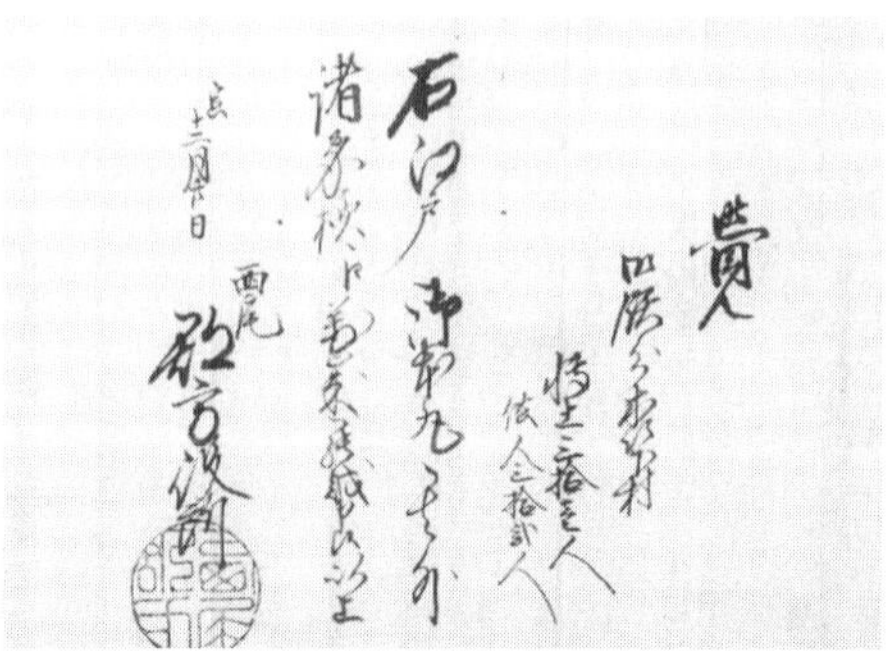

覚
御領分森下村
博士三拾壱人
供人三拾壱人
右江戸　御本丸其外
諸家様江萬歳罷越申候以上
西尾
寅十二月廿日　郡方役所㊞

西尾市資料館蔵

正月になると尾張万歳の一行が吉原に興行に来る。一行はまず尾張屋に直行、清十郎に挨拶を済ましてから各戸を廻るという。芸人や商人が吉原の大門をくぐる許可が、どの範囲で要ったかは不明（一般の芸人や棒手振はなにがしかの金銭を徴収されていただろう）だが、「尾張万歳は大門で咎められることなく」という記述から、「尾張屋に行く」ことが一種の通行手形（顔パスや箔づけ、徴税免除など）になっていたことが窺える。なお、猿曳きも同様。清十郎の家に一番先に来るのが慣習となっていた。

尾張屋清十郎と尾張万歳の関係は、単に尾張地方の地縁の繋がりだけでなく陰陽師の繋がりであることは言うまでもない。

陰陽師は新吉原遊廓の建設にあたり、占術や神事に加え、土木技術知識も発揮して中心的な働きをしたのである。吉原の町は陰陽道の原則に添って造られている。それは遊廓内に残る五十間道や陰陽五行説に基づいた五箇所の稲荷神社の跡で見てとれるのである。

江戸の町も、吉原遊廓も、俯瞰《ふかん》すれば陰陽五行説で説明できるとは、陰陽道恐るべしとしか言いようがない。

（補考の章・おわり）

◆主な参考文献

○澤田次夫『揚屋清十郎と尾州須佐村』私家版（昭和12年1月）
○南知多郷土研究会『みなみ』1号～33号（昭和41年3月～）
○南知多町誌編集委員会『南知多町誌』南知多町（1990・3）
○蘇武緑郎『吉原風俗資料　全』文藝資料研究會（昭和5年6月）
○今井卯木『川柳江戸砂子　上・下』春陽堂書店（昭和51年4月）
○ロドリゴ・デ・ビベロ『日本見聞記 1609』大垣貴志郎監訳・たばこと塩の博物館（1993・12）
○ルイス・フロイス『日本史』全12巻、松田毅一・川崎桃太訳、中央公論社（1977～）
○稲垣史生『時代考証事典』新人物往来社（昭和46年12月）
○三田村鳶魚『三田村鳶魚全集　第十一巻』中央公論社（昭和50年5月）
○三田村鳶魚『未刊随筆百種　第十一巻』臨川書店（1969・3）
○三田村鳶魚『吉原に就いての話』青蛙房（昭和31年5月）
○国書刊行会編『鼠璞十種・第二』国書刊行会（大正5年4月）
○石井良助『吉原』中央公論社（昭和42年9月）
○沖浦和光『「悪所」の民族誌』文藝春秋（2006・3）
○石崎芳男『元吉原考』近代文藝社（1994・11）
○宮武外骨『アリンス国辞彙』半狂堂（昭和4・1）
○深澤瞳「禹歩反閇から身固めへ」『大妻国文第43号』大妻女子大学国文学会（2012・3）
○杉本つとむ『江戸の女ことば』創拓社（1985・10）
○日本歴史学会・古田良一『河村瑞賢』吉川弘文堂（1964・4）
○家田仲三郎『極楽寺の歴史』梵音山極楽寺刊（平成27・9）
○林董一「山村甚兵衛と千村平右衛門―わが近世封建制における二重封臣関係について―」法制史研究 9号（1959）
○川内眷三『古墳と地溝の歴史地理学的研究』和泉書院（2017・12）
○牧秀正『人身売買』岩波書店（1971・10）
○服部英雄著『河原ノ者・非人・秀吉』山川出版社（2012・4）
○小林茂ほか編集『部落史用語辞典』柏書房（1990・3）
○石井良助『近世法制史料集解説』雄松堂フィルム出版（1967・2）
○朝野新聞編・塩見鮮一郎解説『江戸の下層階級』明石書店（1993・2）
○塩見鮮一郎『乞胸　江戸の辻芸人』河出書房新社（2007・7）
○塩見鮮一郎『江戸の非人頭　車善七』三一書房（1997・11）
○塩見鮮一郎『吉原という異界』現代書館（2008・2）
○村山修一『陰陽道基礎史料集成』東京美術（平成4・11）
○遠藤克巳『近世陰陽師史の研究』新人物往来社（平成6・11）
○林淳『近世陰陽師の研究』吉川弘文館（平成17・12・1）
○詫間直樹・高田義人編著『陰陽師関係史料』汲古書院（平成13・11）
○津田豊彦「知多の陰陽師」『名古屋民俗叢書3』名古屋民俗研究会（1998・3）
○平松義郎『近世刑事訴訟法の研究』創文社（2004・6）
○西まさる「吉原遊廓を支配した南知多衆」『知多半島郷土史往来』はんだ郷土史研究会（平成26・9）

◎参考に引用した江戸期発行の古典籍名は本文に記している。これらの多くは国立国会図書館デジタルコレクションのお世話になった。また、拝見した資料として早稲田大学の古典籍総合データベースなどがある。深謝申し上げる。

あとがきに代えて

一、本論の取材にあたり知多半島の多くの寺院さまのご協力に恵まれた。殊に知多郡南知多町の正衆寺さま、光明寺さま、岩屋寺さま、極楽寺さま、延命寺さま、常滑市の東光寺さまには貴重な史料のご提供や度々の取材に応じていただくなど、言葉にならないほどのお世話になった。万謝申し上げる。

二、多くの寺院からご提供いただいた秘蔵の資料や過去帳、位牌などは写真に収めてある。本書にて史料として開示するつもりだったが、一部の寺院が、まだ檀家の了解を得ていない等と難色を示された。ついては今回の上梓では過去帳など個人情報関係のものの写真はあえて掲載していない。しかし本書に記述の情報のすべては、筆者がしっかりと確認したものであることを申し添える。

三、本書では多くの近世文書を引用している。その中の文言には現在では差別用語、不快語とされるものも多くあるが殆どはそのまま引用している。例えば、「非人」「穢多」等である。これらの言葉は、その歴史性や文脈を無視して無批判に用いれば、人を傷つける差別の言葉になる。あってはいけないことだ。しかし本書は、それらを忌まわしいが歴史的な事実と直視して言い換えなどはしていない。

四、「新吉原遊廓と知多半島の人々の関わり」は、著者が平成二十年頃より『はんだ郷土史だより』（はんだ郷土史研究会）で繰り返し発表している。それをダイジェストしたものも『東京人』（都市出版）に掲載している。それらが初出であることをここでおことわりする。

平成三十年三月　　　　西　まさる

西まさる（にし・まさる）

1945年東京生まれ。作家・編集者。

著書は、『地図にない町』『悲しき横綱の生涯・大碇紋太郎伝』『次郎長と久六』『男のまん中』『忠臣蔵と江戸の食べもの話』『幸せの風を求めて―榊原弱者救済所』など多数。最近刊は『中島飛行機の終戦』（新葉館出版）。

西まさる編集事務所主幹。はんだ郷土史研究会代表幹事。東海近世文学会会員。名鉄カルチャーセンター等、文化講座講師多数。

愛知県半田市在住。

吉原はこうしてつくられた

○

平成30年5月22日　初　版

著　者
西　ま　さ　る

発行人
松　岡　恭　子

発行所
新　葉　館　出　版
大阪市東成区玉津1丁目9-16　4F　〒537-0023
TEL06-4259-3777　FAX06-4259-3888
http://shinyokan.jp/

編集
西まさる編集事務所

印刷所
株式会社シナノパブリッシングプレス

○

定価はカバーに表示してあります。

ISBN978-4-86044-500-3